문화민주주의 실천과 가능성

책문화교양 013

## 문화민주주의 실천과 가능성
각자도생 시대 책문화생태계 현장분투기와 건강한 공생을 위한 문화비평

1판 1쇄 인쇄 | 2023년 4월 14일
1판 1쇄 발행 | 2023년 4월 26일

지은이 | 정윤희
편집 | 윤재연
표지 및 본문디자인 | 김미영
발 행 처 | PARK & JEONG
       (PARK & JEONG은 책문화네트워크(주)의 단행본 브랜드입니다.)
출판신고번호 | 제2022-000069호 (신고연월일 | 2009년 5월 4일)
주소 | 서울특별시 용산구 독서당로 46(한남동, 한남아이파크) 비106-109호
전화 | 02-313-3063
팩스 | 02-3443-3064
이메일 | prnkorea1@naver.com
홈페이지 | www.prnkorea.kr

ISBN 979-11-92663-12-8 04020
ISBN SET 978-89-98204-53-2 04020
값 17,000원

● 이 책은 저작권법에 보호받는 저작물이므로 무단 전제와 무단 복제를 금합니다.
● 잘못된 책은 교환해 드립니다.

# 문화민주주의 실천과 가능성

정윤희 지음

각자도생 시대 책문화생태계 현장분투기와
건강한 공생을 위한 문화비평

PARK&JEONG

## 책을 내며

    노벨상 수상자와 세계 경제를 이끈 사람들 중 유대인이 많다는 것에 대해서 놀랍게 생각했다. 여러 이유가 있겠지만 유대인은 책을 가까이하는 민족이라는 점을 꼽고 싶다. 유대인은 오랫동안 책문화를 중요시해 왔다. 유대교의 경전인 타나크Tanakh는 유대인들에게 매우 중요한 책인데, 이 책에는 유대인들의 역사와 종교적 교리가 담겨 있다. 유대인들은 타나크를 중요시하며, 타나크 학습은 어린 시절부터 시작한다. 유대교 교육은 타나크와 유대교 교리의 습득이 중요한 부분을 차지하고 있는데, 유대교 교육은 전통적으로 가정에서 이루어진다. 또한 유대인들은 축제와 행사 등을 통해 책문화를 계속해서 유지해 왔다. 예를 들면 유대인들은 매년 가을에 추수감사제 축제인 수코트Sukkot를 여는데, 이 축제에서는 유대인들이 사막에서 어떻게 생활했는지를 상기시키기 위해 임시 텐트를 짓고, 그 안에서 타나크를 읽는 등의 행사를 하기도 한다. 유대인들은 오랫동안 책문화를 유지하며, 이를 통해 유대교의 교리와 역사를 유지해 왔다.

우리 민족도 유대인 못지 않은 책의 민족이다. 금속활자를 세계 최초로 발명하여 당대의 사상을 책으로 기록하였고, 고려시대 팔만대장경을 완성했으며, 조선시대 왕의 통치를 기록한 조선왕조실록, 승정원일기 등 기록문화에서도 위대한 유산을 물려받았다. 마을에는 서원, 서당이 있어서 아이들에게 책을 읽게 하였고, 조선시대 왕들은 독서당을 만들어 젊은 인재들에게 책을 읽게 하고 책을 쓰도록 하여 그 시대의 사상을 남기도록 했다.

필자의 박사 논문 주제인 '출판생태계 · 독서생태계 구성 요소 분석을 통한 책문화생태계 모델 연구' 이후 대학, 지역사회, 도서관 등에서 책문화생태계에 대한 강의 요청을 받았다. 감사한 일이었다. 우리 사회에 책문화에 대한 관심이 늘어나고 있다는 것은 책의 민족으로서의 본성을 되찾아가는 일이라고 생각한다.

책문화생태계 담론은 〈출판저널〉 2017년 창간 30주년호인 500호부터 기획하여 지금까지 진행해 오고 있는 대장정 기획물이다. 시작한 지 벌써 7년째이다. 필자가 기획하고 공저한《책문화생태계의 현재와 미래》를 2018년 11월 11일에 출판하였고, 이 책은 일본출판사 미디어펄을 통해 동시에 출간됐다.

이러한 과정이 필자의 박사논문으로 집약되기도 했지만 책문화생태계 정책과 실질적인 구현을 위한 연구에 대한 의지는 끊임없이 발현되었다. 책문화는 출판산업에만 국한된 것이 아니라 모든 국민들이 누려야 할 사회적 공공재이기에 건강한 책문화를 조성하는 것은 우리 미래세대를 위해 아름다운 지식 정원을 가꾸는 일과 같고, 문화경제를 활성화 하는 기초이다.

이 책의 구성은 다음과 같다. 프롤로그에서는 이 책의 핵심 키워드인 책문화, 책문화생태계, 문화민주주의를 중심으로 설명을 보완했다. 1부는 책문화 현장 분투기, 2부는 책문화와 생태주의, 3부는 출판과 독서를 연결하는 도서관, 4부는 책을 지으며 사는 인생의 기쁨과 슬픔, 5부는 책문화생태계 조성과 문화민주주의 실천에 대하여 이야기 한다. 끝으로 에필로그는 '모두를 위한 모두에 의한, 그리고 사람을 살리는 문화민주주의'를 위한 마음을 담았다.

이번 책은 개인적으로도 의미를 두는 책이다. 필자가 학술서로 출간한 《책문화생태론》에서 담지 못한 현장에서 경험한 다양한 분투기가 더 많이 담겨 있기 때문이다. 책문화생태계 담론과 문화민주주의에 대하여 공감해 주고 의견을 주시는 분들에게 진심으로 감사를 드린다.

2023년 4월 저자 정윤희

프롤로그

# 책문화생태계와 문화민주주의

## #국가경제를 이끄는 책문화

책문화는 국가 경제와 매우 밀접한 관련이 있다. 책산업은 출판업, 인쇄업, 도서유통업 등 다양한 산업들과 연계되어 있으며, 전 세계적으로 큰 규모를 가지고 있다. 따라서 책산업이 발전하면 연계된 산업들도 함께 성장할 수 있다.

또한 책은 지식과 정보를 전달하는 매체로서 매우 중요한 역할을 한다. 지식과 정보의 확산은 경제 발전에 필수적인 요소 중 하나이다. 책문화는 높은 수준의 지식과 정보를 확산시키며, 이를 통해 국민들의 인적 자본이 향상되고, 경제 발전에 긍정적인 영향을 미친다.

책문화는 창의력과 창업 정신을 촉진하고, 이를 통해 새로운 산업 및 일자리 창출에 기여할 수 있다. 예를 들어, 창업을 희망하는 사람들은 독서를 통해 다양한 정보와 지식을 습득하고 창의력을 발휘할 수 있기 때문이다. 즉 책문화생태계가 발전하면 국가 경제에 긍정적인 영향을 준다.

따라서 국가 경제를 발전시키기 위해서는 책문화를 적극적으로 지원하고, 책산업 및 책문화생태계의 발전을 촉진하는 데 노력해야 한다. 이를 위해 적극적인 독서 교육, 책 출판 및 유통 환경의 개선, 책 산업 및 책문화생태계에 대한 지원 등 정책적인 노력이 필요하다.

# 책문화

책문화Book Culture는 책에 대한 가치와 의미를 중시하고, 책을 존중하고 사랑하는 문화이다. 책문화는 책이 개인과 사회 전반에 걸쳐 중요한 역할을 하며, 책을 통해 지식을 습득하고 문화적 가치를 전달하며, 인간적인 지혜와 경험을 공유하는 문화적인 가치이다.

책문화는 책의 생산, 유통, 소비, 보존에 대한 전반적인 문화적 요소를 포함하고 있다. 이는 책을 존중하는 태도, 책을 출판하고, 판매하는 문화, 책을 읽는 문화, 그리고 책을 수집하고 보존하는 문화 등을 의미한다. 책문화는 지식의 양산과 교류, 문화유산의 보존과 전달, 그리고 자기계발을 위한 필수적인 수단으로 인식되며, 전통적인 종이책부터 전자책까지 모든 형태의 책을 포함한다.

## #책문화생태계

책문화생태계Book Culture Ecosystem는 책이 만들어지고 유통되는 모든 생태계와 이들 간의 상호작용을 포괄하는 개념을 의미한다. 이는 책을 쓰는 저자, 책을 만들고 생산하는 출판사, 책을 판매하는 서점, 책을 보존하고 지식 정보를 서비스하는 공공도서관, 그리고 독자뿐만 아니라 교육 및 연구 기관, 정부 등 책을 생산, 유통, 소비하는 모든 주체들을 포함하고 있다.

책문화생태계는 출판산업, 도서의 소비문화, 교육문화, 저작권 문화, 그리고 책을 기록하는 역사문화 등 다양한 분야에서 발생하는 문제들, 디지털화와 함께 급변하는 출판산업의 변화와 책소비 패턴 변화 등을 다룬다.

이러한 책문화생태계는 책이라는 매체를 통하여 당대의 지식과 문화를 전달하고, 개인과 사회의 인지적, 정신적, 감성적, 사회적 발전에 기여하는 중요한 역할을 한다. 따라서 책문화생태계는 지속적으로 유지되고 발전되는 것이 필요하며, 이를 위해 생태계를 구성하는 다양한 주체들인 관련 산업 및 단체, 정부 등 모두 함께 협력하고 노력해야 한다.

특히 중앙정부뿐만 아니라 지방자치단체장의 책문화생태계에 대한 관심이 필요하며, 지역의 책문화생태계가 건강하게 성장할 수 있도록 문화 풍토를 만드는 것이 필요하다.

### # 책문화와 문화민주주의

필자는 지난 2017년부터 책문화생태계 담론을 시작하고 사회적으로 책문화 가치를 확산시키는 활동을 해왔다. 책문화는 문화민주주의 철학을 바탕으로 구현되어야 한다.

문화민주주의Cultural Democracy란 모든 사람이 참여하고 문화적 교류를 통해 다양성과 창의성을 존중하는 문화적 생태계를 지향하는 이념이다. 문화민주주의는 문화적 다양성을 존중하며, 사회 전반적으로 모든 사람이 참여할 수 있는 문화생태계를 만들고, 다양한 문화를 표현하고 공유함으로써 인간의 창의력과 잠재력을 극대화 한다.

문화민주주의는 기존에 존재하던 엘리트들의 문화적 지배와 문화적 간섭에 반대하며, 대중적 문화와 예술을 존중하고, 참여와 협력을 기반으로 하는 새로운 문화생태계를 만들려는 노력이다. 이를 통해 문화적인 평등과 자유, 그리고 창조적인 발전이 이루어지는 것을 목표로 한다. 문화민주주의는 20세기 중반 미국에서 등장한 개념으로 그 이전에는 문화적인 엘리트와 대중들 간에 큰 격차가 존재했던 상황에서 대중들의 참여와 문화적 교류가 필요하다는 필요성에서 출발했다. 이후 문화민주주의는 다문화주의, 젠더민주주의 등 다양한 분야에서 확장되었다.

책문화와 문화민주주의는 서로 밀접하게 연관된 개념이다. 책문화는 책을 통해 지식을 공유하고 문화를 전달하는 것을 중심으로 하는 문화적 활동을 의미한다. 이러한 책문화는 문화민주주의의 한 측면으로서, 모든 사람이 참여하고 문화적 교류를 통해 다양성과 창의성을 존중하는 문화생태계를 만드는 것을 목표로 한다.

문화민주주의는 대중문화를 중요시하고 대중들의 참여와 기여를 촉진하며 다양성과 평등을 존중하는 이념이다. 이와 같은 문화민주주의의 이념과 목표는 책문화와도 일맥상통한다. 책을 통해 모든 사람이 참여하고, 다양한 문화적인 교류와 공유를 통해 문화적인 평등과 자유, 그리고 창조적인 발전을 추구하는 것이 목표이다.

또한 책은 문화민주주의를 실현하는 데 중요한 역할을 한다. 책은 다양한 주제와 이야기를 담아내는 매체로서 인간의 경험과 지식을 전달하고 대중들의 참여와 창의성을 끌어내는 역할을 한다. 따라서 책문화를 통해 문화민주주의의 이념과 목표를 실현할 수 있으며, 문화민주주의는 책문화를 발전시키는 데 중요한 역할을 한다.

### #책문화 정책의 과제

책문화생태계의 발전을 위한 정책의 한계를 극복해야 한다.

책문화 발전을 위한 정책의 한계는 다양하다. 일반적으로 책문화 발전을 위한 정책은 책의 생산과 유통 환경을 개선하고, 독서교육 및 문화 활동을 적극적으로 지원하는 것이다. 관련 정책들이 수립되어 있지만 책문화는 여전히 많은 어려움을 겪고 있다. 이러한 원인을 정리해 보면 다음과 같다.

첫째, 디지털 기술의 발전으로 인해 책을 읽는 습관이 변화하고 있다. 전자책, 오디오북 등 디지털 도서와 같은 새로운 형태의 책이 대중적으로 이용되고 있으며, 이에 따라 전통적인 종이책 출판산업이 어려움을 겪고 있다. 이러한 변화에 대한 대응책이 필요하다.

둘째, 독서교육을 위한 정책은 여전히 부족하다. 유아, 어린이, 청소년 등 학교교육 현장에서는 적극적인 독서교육이 이루어지지 않는 경우가 많고, 사교육에 의존하며, 학생들의 독서량은 줄어들고 있다. 이러한 문제를 해결하기 위해서는 교육 현장에서 적극적인 독서교육을 시행하고, 학생들에게 독서를 즐길 수 있는 독서정책과 책문화 환경을 만들어 주는 것이 필요하다.

셋째, 책문화를 위한 예산과 지원이 부족하다. 정부의 문화정책 예산에서 다양한 책문화 활동에 대한 지원 예산의 규모를 대폭 늘림으로써 모든 국민들이 차별받지 않고 책문화를 누릴 수 있어야 한다. 이와 같은 한계를 극복하기 위해서는 전통적인 책산업과 디지털 도서 등 새로운 형태의 출판산업을 접목시키는 등 적극적인 변화와 대응이 필요하며, 독서교육과 문화 활동에 대한 예산과 지원을 증대하여 책문화 활동을 지속적으로 유지하고 발전시켜 나가는 것이 중요하다.

### #책문화생태계의 비전

책문화생태계의 비전은 무엇일까. 다음과 같이 몇 가지로 설명해 볼 수 있다.

첫째, 독서문화 정착이다. 모든 국민이 일상에서 자발적이고 적극적으로 독서하는 문화를 정착시키는 것이 중요하다. 특히 유아, 어린이, 청소년 등 독서교육을 강화하고 독서환경을 개선해야 한다.

둘째, 시대 환경에 대응하는 출판환경 구축이다. 디지털 전환, 인공지능 등 출판환경은 크게 변화하고 있지만 이러한 출판환경에 대한 대응은 느리다. 다양한 책을 출판하고 유통시키는 환경을 구축해야 하며, 작가와 출판사 등을 지원하고, 독자들이 쉽게 접근할 수 있는 유통 채널을 개선하는 등 다각도에서 개선이 필요하다.

셋째, 지식과 정보 공유환경 구축이다. 지식과 정보를 공유하고 확산하는 환경을 구축해야 한다. 이를 위해 책뿐만 아니라 다양한 매체를 활용한 정보 공유 및 교류 활성화가 필요하다.

넷째, 글로벌 책문화 네트워크 구축이다. 국제적인 책문화생태계의 발전을 위해 글로벌 네트워크를 구축해야 한다. 이를 위해 해외 책산업과의 협력을 강화하고, 다양한 문화교류 활동을 위한 지원 체계를 마련해야 한다.

다섯째, 창의성과 창업생태계 발전이다. 책문화의 발전은 창업, 고용창출 등과 연관되어야 한다. 창의성과 창업 정신을 촉진하고 이를 바탕으로 새로운 산업 및 일자리 창출에 기여하는 창업생태계를 발전시켜야 한다. 이를 위해 책문화 관련 창업 교육 및 지원을 강화하는 등의 정책 보완이 필요하다.

책문화생태계는 국민의 삶의 질을 높이는 중요한 아젠다임에도 불구하고 정치적으로 관심을 받지 못하고 있는 실정이다. 국가의 지식문화 경쟁력 향상뿐만 아니라 문화의 공공성 차원에서도 지속가능한 책문화생태계를 구축해야 한다. 이를 위해서는 중앙정부뿐만 아니라 지방자치단체장의 리더십도 중요하다. 지역마다 책문화생태계를 조성하기 위한 정책과 예산을 마련하고, 생태계를 구성하는 다양한 이해관계자들과의 협력을 통하여 지역문화를 풍요롭게 만들 수 있다. 지역에서의 책문화는 지역문화를 기록하고 향유함과 동시에 인간다운 삶을 영위하는 데 있다. 결국 책문화생태계의 비전을 실현하기 위해서는 국가 및 지방정부, 산업계, 학계, 시민사회 등이 함께 협력해야 한다. 이를 통해 지식과 정보의 확산, 고용 촉진, 문화적 가치의 증진 등 목적을 달성할 수 있을 것이다.

# 목차

책을 내며     5
프롤로그: 책문화생태계와 문화민주주의     8

## 1부 •
# 책문화 현장 분투기

성찰의 시대와 책문화     23
책문화 상생을 생각한다     28
혁신을 요구받는 출판     31
독서는 이벤트가 아니다     35
3·1운동 100주년과 출판의 정신     37
다시 생각해 보는 출판과 독서의 의미     39
책문화생태계와 지역출판     44
출판학과 없는 출판산업의 현실     47
책의 해에 생각하게 되는 것들     52
출판계가 위기라는데     56
차별과 배제, 그들만의 리그 속에서     58
함께 성장하는 사회를 위한 책문화 가꾸기     61

## 2부 •
# 책문화와 생태주의

| | |
|---|---|
| 현장의 고민이 만든 기획, 책문화생태계 담론 | 65 |
| 생태주의 관점에서 조망한 책문화의 현재와 미래 | 70 |
| 출판의 본질은 독자를 만드는 것 | 76 |
| 출판진흥기구의 존재 이유에 대하여 | 80 |
| 출판불황과 독서문화 위기는 같은 문제 | 84 |
| 책문화의 존재정신과 생태주의 철학 | 87 |
| 지역의 책문화생태계 조성 | 90 |

# 3부 •
## 출판과 독서를 연결하는 도서관

| | |
|---|---|
| 지역의 커뮤니티센터 도서관의 역할 | 97 |
| 출판과 독서를 연결하는 도서관이 되려면 | 100 |
| 지방자치 시대의 도서관 정책 | 105 |
| 문화민주주의를 위한 도서관 철학과 리더십 | 109 |
| 국가도서관위원회 기능과 도서관의 미래 | 112 |
| 조선시대 독서당과 출판학의 부재에 대하여 | 119 |

**4부**

# 책을 지으며 사는 인생의 기쁨과 슬픔

| | |
|---|---|
| 행복이란 내면을 들여다보는 것으로부터 | 127 |
| 무엇을 그리고 싶다는 욕망 | 130 |
| 스토리텔링 시대, 우리 소설은 어디로 갔는가 | 133 |
| 가족이란 그 이름 | 135 |
| 우리 앞에 놓인 현실과 당당하게 마주할 때 | 138 |
| 비로소 나는 인생이라는 정류장에 도착했다 | 141 |
| 책 지으며 사는 인생에 대하여 | 144 |

5부 ●

# 책문화생태계 조성과 문화민주주의 실천

| | |
|---|---|
| 문화정책의 기본은 책문화이다 | 149 |
| 문화정책의 다양성과 균형 성장 | 152 |
| 국가의 경쟁력을 높이는 통합적인 관점의 책문화 정책 | 155 |
| 문화정책에서 공정과 정의는 잘 실현되고 있는가 | 160 |
| 문화민주주의를 위한 출판개혁이 필요하다 | 163 |
| 책문화생태계 관점에서 본 출판 거버넌스 방향 | 168 |
| 문화민주주의를 위한 양성평등 | 174 |
| 문화행정의 민주주의 | 179 |
| 출판의 시대적 사명 | 183 |
| 독서정책에 잡지읽기도 포함해야 한다 | 189 |
| 책문화 정책을 제언한다 | 193 |
| 건강한 책문화생태계를 위한 문화정책 | 198 |

에필로그: 모두를 위한 모두에 의한,
  그리고 사람을 살리는 문화민주주의  201
참고자료  204

# 책문화 현장 분투기

# 성찰의 시대와
# 책문화

2020년 연초부터 불어닥친 코로나는 우리 삶뿐만 아니라 사회, 국가적으로 큰 변화를 주었고 여러모로 위기를 겪고 있다. 코로나는 우리의 일상을 전면적으로 바꿀 것을 것을 요구했다. 몇 가지 특징을 정리해 보면 다음과 같다.

첫째는 비대면 사회의 일상성이다. 사람들과의 거리두기를 위해서 대면에서 비대면으로, 오프라인에서 온라인으로 이동하면서 본격적으로 디지털 전환의 현상을 보여준다. 사람은 환경에 적응하는 동물이라는 것을 여실히 알게 해준다. 그러나 비대면으로 이어지는 활동으로 식당 등 자영업자들, 중소기업, 소상공인들의 한숨이 매우 깊어졌다. 이들의 삶이 파괴되지 않도록 정부 정책이 세심하게 마련되어야 할 것이다. 특히 초중고의 교육현장에서 소외받는 아동과 청소년들이 없도록 해야 한다. 라면을 끓여 먹으려다가 집에 불이 나서 생명이 위독해진 어린 형제의 이야기를 한 귀로 듣고 흘려보내면 안 된다. 우리 사회엔 아직도 어른들이 세심하게 챙겨야 할 사회적 보육과 양육이 요구된다. 비대면으로 택배 등 배달 노동자들의 노동 강도가 매우 심해졌고 목숨까지 잃는 안타까운 사고가 일어났다. 이렇게 비대면 시대에 일어나는 사회적 문제를 해결해야 하는 것도 숙제이다.

둘째는 공간 개념의 변화이다. 거리두기 일환으로 사무실에 출근하지 않고 재택근무를 하는 기업들이 늘어나면서 고정된 사무공간이 없어지고 집이나 집 근처 카페 등이 내가 업무를 하는 공간이 되었다. 자연스럽게 디지털 유목민이 되었고 이를 또 자연스럽게 받아들인다. 한편으로는 학교, 공공도서관 등 공공의 공간까지 없어지게 되면서 공공의 공간이 코로나 시대에 어떻게 지역사회를 위해서 변화되어야 할 것인가를 적극적으로 논의해야 한다. 공공의 공간은 멈추더라도 공공의 서비스는 멈추면 안 되기 때문이다.

셋째는 성찰하는 시간과 마주하게 되었다. 사람들과의 거리두기를 하게 되면서 혼자 있는 시간이 늘어나게 되었다. 코로나가 언제 종식될지 모르는 상황에서 혼자서 시간을 견뎌내야 하는 인내심을 길러야 한다. 이럴 때 무엇을 할 것인가. 코로나 시대에 네플릭스 등 온라인 콘텐츠 소비가 부쩍 늘어났다고 한다. 스마트 미디어 시대에 사람들을 만나지 못하더라도 온라인에서 사람들을 만나는 익숙한 풍경이다. 그러나 인간은 낯선 시간을 받아들여야 하고 그 낯선 시간을 익숙한 시간으로 바꾸어야 한다. 익숙한 시간으로 받아들이기 위해서는 성찰하는 인간이 되어야 한다고 생각한다. 책이 그 역할을 도와준다. 그러나 우리는 어떤 책을 읽으면서 성찰할 것인가? 어떻게 보면 나름대로 각자 그 방법을 알고 있을 것이다. 즉 행동하는 성찰이 필요하다.

개인적으로 지난 2020년은 인생에서 스펙타클한 한 해였다. 2020년 2월에 문학 박사학위를 받고 그해 3월에 열린민주당 21대 총선 비례대표 국회의원 후보로 공천을 받아 현실정치에 발을 디뎠다. 1987년 민주화 투쟁 이후 직선제 등 정치적 민주화가 실현되었지만 우리 삶과 일상의 민주화는 구체적으로 실현되지 못했다고 생각한다. 국회, 검찰, 언론, 교육, 문화 등 모든 분야에 기득권이 깊게 뿌리내려 있다. 불평등 구조과 불공정이 만연한 잘못된 관행과 기득권 체제를 바꾸어야 진정한 민주주의, 사람 사는 사회가 만들어진다.

우리 사회는 언제부터인가 희망 고문을 당연하게 여기는 이상한 문화가 난무한다. 아프니까 청춘이라는 책 제목이 출판시장에서 대박을 치면서 베스트셀러가 되었지만 과연 청년들이 아프면서 청춘을 지낼 정도로 여유가 있는지, 아니 희망을 품어도 되는지 의문이 들 때가 많다. 베스트셀러 작가이기도 한 스님에 대한 뉴스가 보도가 되면서 구도자의 진정한 모습이 어떤 모습이어야 하는가를 생각해 보게 된다.

필자가 책문화생태계를 연구하고 책문화 현장에서 보면 우리 사회가 가볍고 언제 무너질지 모르는 공중누각 같다는 생각이 든다. 존재철학과 존재정신은 어디론가 사라진 지 오래이다.

뉴스 보도는 온통 검찰개혁이 화두이다. 그동안 국회에 입성한 국회의원 중 검사, 판사, 변호사를 포함한 법조인 출신들이 얼마나 많은가. 그러나 검찰개혁이 제대로 잘 이루어지지 않고 있다. 이런 개혁과제들 가운데 김구 선생이 말씀하신 진정한 선진국인 문화강국에 대한 희망은 너무 과분한 꿈이다.

이렇게 혼란스러운 시대를 건강한 모습으로 발전시키는 힘은 결국 책문화라고 본다. 이 시대의 사상은 모두 어디로 갔을까. 출판시장에 많은 책들이 출간되고 있지만 시대정신을 담은 사상은 부재하다. 사상과 이론을 근거로 한 언어가 아닌 공격과 배설을 위한 말들이 난무하는 시대이다. 정돈된 언어의 시대가 필요하다.

필자의 서재에는 장준하 선생이 발행한 〈사상계〉가 꽂혀 있다. 사상이 없는 국민에겐 역사가 없다. 출판의 역할이 중요한 이유이다. 독자를 속이고 돈을 벌기 위해서 제목 하나 잘 만드는 출판은 사람의 생명을 단축하는 마약과도 같다.

탈진실의 시대이다. 수많은 정보 속에서 무엇이 진실인가를 알 수 없는 시대이다. 이런 시대를 깨어 있는 시간으로 살기 위해서는 우리가 가장 무엇을 해야 하는가. 그 답은 각자의 마음 속에 이미 있다.

## 책문화 상생을
## 생각한다

한해를 마무리할 때면 항상 아쉬움이 남는 법인가 보다. 2019년 송년호를 준비하는 중에 다양한 일들이 일어났다. 출판사들이 책을 보관하는 창고에 화재가 나서 50만 권의 책이 소실됐다. 대부분 1인 출판사 등 작은 출판사들이 맡긴 책들이고 화재보험을 들어놓지 않아서 출판사들이 고스란히 피해를 볼 것이라고 한다.

버스 정류장에 서 있는데 버스 광고판에 이런 문구가 눈에 들어왔다. '아직도 책 사러 서점 가요?'라는 물음에 동네책방 주인들과 출판인들이 단단히 화가 났다고 한다. 광고를 낸 기업은 SNS에 의도치 않은 광고에 대한 사과 해명을 올렸지만 서점 관계자들의 속상한 마음은 가시지 않은 듯하다. 특히 독자의 사랑으로 베스트셀러가 된 작가들이 자신들의 책을 단독 판매한다는 것에 서점관계자뿐만 아니라 독자들까지도 실망한 눈치다.

대한민국 학술원에서 선정한 학술도서에 대하여 학술도서 납품사로 선정된 교보문고가 학술출판사들과 체결한 공급율로 책을 납품하라는 것에 대하여 학술도서 출판사들이 학술원에 항의하는 일이 일어났다. 몇몇 출판단체들이 학술원에 찾아가 항의하였고, 결국 출판사들이 10% 할인된 도서 가격으로 납품하고, 1권당 200원씩의 포장 배송비를 교보문고가 받기로 합의하였다고 한다.

이렇게 현장에서 일어난 일련의 사례들을 접하면서 책문화생태계 속에서 함께 살아가야 할 다양한 주체들의 상생을 생각한다. 도서 소비가 점차 침체되면서 서점과 출판시장에도 큰 위기가 오고 있다. 그러나 생태계 안에서 함께 상생해야 할 관계를 부정하면 어떻게 될까. 스마트 미디어 시대에 우리 삶은 더 풍요로워졌다고 이야기 한다. 정말 더 풍요로워졌을까. 물질적으로는 풍요로워졌을지 몰라도 사람들의 마음 더 각박해지고 피폐해지고 있다.

출판현장에 있으면서 출판산업의 다양한 면을 보게 된다. 국내 출판산업은 1987년 출판의 자율화 이후 지난 30년간 양적 팽창을 해왔다. 해방 이후 급격한 산업화 시대를 지나오면서 민주화는 어느 정도 실현되었으나 아직도 다양한 측면에서 우리는 사회적 갈등을 겪고 있다. 출판산업도 이제는 양적 팽창에서 질적 성장을 추구해야 한다.

# 혁신을 요구 받는 출판

최근 플랫폼 중심으로 재편된 콘텐츠 비즈니스 구조의 변화 속에서 웹툰, 웹소설이 급격하게 성장하고 있다. 전통출판 산업의 선형적인 가치사슬 구조는 IT 등장으로 인해 역동적인 가치사슬 구조로 변화하게 되었으며, 이러한 변화는 전통출판 산업에 위협적인 요소로 작용하기도 하면서 출판이 뉴미디어 산업으로 혁신·발전할 수 있는 새로운 동력이 될 수 있다.

전 산업분야에서 플랫폼의 성장이 가속화되었고, 미디어와 문화콘텐츠 산업에도 전반적인 혁신을 요구하고 있다. 플랫폼 산업은 문화콘텐츠 영역뿐만 아니라 다양한 산업 영역을 주도하고 있으며, 이러한 플랫폼 중심의 콘텐츠생태계는 OTT와 연결되면서 그 영역을 넓혀가고 있다.

플랫폼은 콘텐츠 이용자들과의 연결성으로 콘텐츠 발견성을 높이며, 콘텐츠 창작 및 생산을 포함한 출판과정에서 출판사의 역할이 줄어들거나 생략되는 현상이 나타나고 있기 때문에 출판생태계의 주요 주체라고 할 수 있는 출판사의 역할 변화와 함께 출판사 입장에서는 플랫폼 성장이 위협적인 요소가 되고 있다.

이는 정책적인 측면에서도 몇 가지 시사점을 준다. 출판산업과 웹툰·웹소설산업의 관련성을 어떻게 바라봐야 할 것인지, 웹툰·웹소설의 창작, 유통, 소비로 이어지는 가치사슬의 공정성과 상생을 어떻게 확보해야 할 것인지, 웹툰·웹소설 창작 플랫폼생태계의 지속적인 성장 방안의 요인 등 다양한 관점에서 연구과 정책 마련이 필요하다.

정책 당국인 문화체육관광부 정책 구조를 보면 웹툰과 웹소설 창작, 유통, 소비정책은 콘텐츠산업 정책 하에서 이루어지고 있으며, 출판은 미디어정책 하에서 이루어지고 있다는 점에서 앞으로 문화정책에서 출판의 위치, 웹툰·웹소설의 위치, 그리고 이 둘의 연관성에 따른 정책의 개선, 보완 등 깊이 있는 논의가 필요하다.

이러한 관점에서 '웹툰·웹소설은 플랫폼산업인가? 출판산업인가? 콘텐츠산업인가?'라는 질문을 해본다. 이 질문에 대한 답은 어쩌면 쉬우면서도 어려운 과제이다. 플랫폼사들이 콘텐츠 생산, 유통, 소비 시스템을 제공하고 있으니 플랫폼산업이면서, 콘텐츠를 온라인으로 '퍼블리싱'한다는 측면에서 출판산업이기도 하고, 콘텐츠를 창작한다는 측면에서 콘텐츠산업이기도 하다. 한편 웹툰·웹소설의 소비 유통 가치사슬 측면에서 보면 출판정책을 기준으로 삼기엔 한계가 있다. 따라서 시대 변화에 따른 출판Publishing에 대한 개념과 이에 대한 정책 구조 변화가 필요하다.

현재 '출판진흥법'에서의 출판의 범위는 도서, 즉 단행본과 교과서 중심이다. 그러나 종이책, 전자책, 종이잡지, 전자잡지, 신문, 웹툰, 웹소설, 방송, 유튜브 등 모두 출판이라는 과정을 거친다. 이러한 관점에서 보자면 출판계가 출판의 범위를 축소시켜 법안 등을 마련하지 않았는지 생각해 볼 일이다.

최근 웹툰·웹소설 유통과정에서 플랫폼사들이 독식하는 수익률 문제를 놓고 입장이 분분하다. 이러한 문제를 해결하기 위한 가장 중요한 주체는 누가 되어야 할까? 간략하게 정리하여 플랫폼사, 출판단체, 창작자들이라고 한다면 조금은 명확해진다. 그동안 문화콘텐츠산업에서 창작자, 저작자의 권리에 대해서는 정책적으로 관심도가 많이 저조했으나 최근 작가들도 입장을 내면서 창작자의 권리 보호의 중요성이 대두되고 있다.

'웹툰·웹소설은 플랫폼산업인가? 출판산업인가? 콘텐츠산업인가?' 앞으로 이러한 질문들이 정책적인 측면에서도 보완되면서 플랫폼을 중심으로 한 콘텐츠생태계의 지속가능성을 위한 업계의 혁신이 이루어지길 기대한다.

# 독서는
# 이벤트가 아니다

한국언론학회가 주관하는 봄철학술대회에서 '독서문화진흥을 위한 열린토론회'에 토론자로 참석했다. 새로운 정부가 들어서면서 인문정신을 강조하고 문화융성을 캐치프레이즈로 내걸고 있는데 대학 현장에서는 문사철이 취업률이 저조하다는 이유로 구조조정의 대상이 되고 있으며, 출판 현장에서는 사람들이 책을 읽지 않아 책이 팔리지 않는다고 아우성이다.

나는 토론을 하면서 우리나라는 북콘서트, 책과 관련한 행사 등이 많이 있지만 과연 이러한 행사들이 누구를 위해, 왜 하는지에 대한 본질적인 문제에서 다시 접근해야 한다고 말했다. 출판산업에 종사하는 사람들은 책을 많이 읽어야 책이 많이 팔리고 그 결과 출판산업이 진흥될 거라는 논리로 접근한다.

문화체육관광부는 2014년 제2차 독서문화진흥기본계획을 시작하면서 생애주기별 독서계획을 세우고 이번 정부의 정책기조에 맞게 인문독서아카데미 등 인문학 읽기에도 적극적으로 지원하고 있다. 정부의 관심과 지원도 필요하지만 독서 캠페인을 하지 않아도 사람들이 자발적으로 책의 가치를 중요하게 여기고 좋은 책을 골라 읽는 독서문화가 자연스럽게 정착하도록 만들어야 한다.

며칠 전 페이스북에 종로도서관과 시립어린이도서관을 철거하고 조선시대의 사직단으로 복원한다는 글이 올라왔다. 도서관을 부수고 사직단 테마파크를 조성한다는 계획에 네티즌들은 반대서명을 하고 도서관의 중요성을 강조했다.

이런 글을 보면서 문화는 정책을 내세운다고 해서 실현되는 것이 아니라는 생각이 든다. 문화는 오랜 시간 쌓인 결과물이며 쉽게 변하지도 않는 것이 문화의 특질이다. 공공도서관을 철거하면서까지 테마파크를 조성하는 것이 우리나라 문화라면 나는 우리나라 독서문화 정책이 처음부터 잘못되었다고 본다. 문화체육관광부에서만 독서를 강조한다고 해서 독서문화가 쉽게 진흥되지 않는다. 교육부, 국방부 등 부처들의 협업이 절실하게 필요한 것이 독서문화 정책이다.

독서진흥이 더 이상 정책이 되지 않도록 책 읽는 문화가 자연스럽게 형성되기를 바라는 마음은 요원한 것일까.

# 3·1운동 100주년과
## 출판의 정신

2019년은 3·1운동이 일어난 지 100주년을 맞는 역사적인 해이다. 2019년 1월 1일, 경북 영천에서 세계 최초의 신문으로 평가되는 1577년(선조 10년) 조선시대 '민간조보'가 경북도 유형문화재 제521호로 지정되었다는 뉴스를 접했다.

세계 최초의 신문은 1650년 독일에서 발행된 '아이코멘데 차이퉁Einkommende Zeiting'인데 1577년 '민간조보'는 이보다 80년 앞선 것이다. 영천시에 따르면 '조보'는 왕과 사대부의 전유물로, 일반 백성은 접근할 수 없었는데, 선조 1577년 '민간조보'가 만들어져 일반 백성들이 구독한 것으로 알려지고 있다.

'조선왕조실록'에 보면 1577년 음력 11월 28일 선조가 우연히 '민간조보'를 발견하고 크게 분노해, 발행 석 달 만에 폐간시키고 조보 발행인 30여 명에게 가혹한 형벌과 유배를 보냈다는 기록이 있다.

19세기말 프랑스로 반출된 최초의 한글판 의궤인 '정리의궤' 복제본이 수원시에 의해 국내 최초로 제작되어 2018년 10월 18일부터 12월 16일까지 수원화성박물관에서 일반인들에게 공개되기도 했다. 조선시대 왕실이나 국가의 주요 행사 내용을 정리한 기록을 의궤儀軌라고 한다.

우리 출판역사의 사례를 보면서 출판은 당대의 역사, 문화, 사회 등을 담는 기록문화 매체로서 그 의미와 가치적 측면에서 지금 우리의 출판정신은 무엇인가를 생각해 본다. 출판은 산업적인 측면과 문화적인 측면을 동시에 추구해야 하는 어려운 과제를 안고 있지만 미래의 출판역사를 잘 이어나가기 위해서는 우리의 출판역사에 관심을 가져야 한다.

1987년에 탄생한 〈출판저널〉은 진정한 민주화와 혁신의 과정은 출판으로 가능하다는 점을 독자들과 함께 공감하고 싶다. 3·1운동 100주년을 맞이하면서 나라를 지키고자 한 독립운동 정신을 기리기 위해 〈출판저널〉 표지화로 3·1 독립선언서를 실었다. 100년 전 독립선언서를 쓰고 국민들에게 알린 목소리에 귀 기울여 보면 어떨까?

# 다시 생각해 보는
# 출판과 독서의 의미

　인간은 의사소통을 하거나 정신의 산물로서 문자를 사용하게 되었고 문자의 역사는 곧 인류의 역사이다. 기호, 상징, 매듭, 그림 등을 통해 소통하는 시대를 지나 문자를 만들어 사용하게 되었고 종이가 발명되고 인쇄술이 발명되면서 문자를 통한 기록의 전파가 이루어졌다. 특히 인쇄술을 통한 책의 급속한 확산은 대중독자를 만들어냈다.

　인류의 시작은 기록문화의 시작이라고 할 수 있다. 이러한 기록문화는 인간문명의 지속성을 추구한다. 읽고 쓰고 말하기의 역사는 인간의 원초적인 욕망과 맥을 같이 하며 다양한 재료들에 문자를 기록했다. 지구상에 존재하는 생명체 중에서 인간에게만 부여된 문자는 출판이라는 과정을 통하여 개인 및 사회의 경험, 지식과 정보, 역사의 기록을 통해 문화를 발전시킨다. 또한 출판은 기술의 영향을 받아 발전하고 그 사회와 문화에 영향을 미친다.

출판은 지식문화의 계승·발전을 위해 매우 중요한 역할을 하는 매체이다. 출판을 통하여 개인의 경험, 생각, 지식의 기록과 전파가 이루어지고, 그 사회의 정치, 경제, 문화 등 다양한 분야의 역사들이 축적되고 이러한 출판의 정신은 인류문명의 지속성을 추구한다. 읽고 쓰고 말하기는 인간의 본질적인 욕망이다. 문화콘텐츠 시대에 독서는 창조적 상상력의 근본으로서 모든 문화의 원천이다. 읽고 사유하는 독서의 일상은 지적사회를 실현함으로써 독서를 통한 인간 삶의 향상을 추구한다.

읽고 쓰고 사유하는 독서의 일상으로 지식사회를 추구하는 데 독서의 본질이 있다. 정보와 지식을 다루는 독서는 인터넷에 정보가 홍수처럼 쏟아지는 환경에서 무엇을 읽고 무엇을 읽지 않을 것인가 분별력도 독서 수준의 차이에 있다. 특히 독서를 한다는 것은 사람답게 살기 위한 과정이며 혼자가 아니라 함께 살아가는 방법을 독서를 통해 배우게 된다. 따라서 독서의 본질은 휴머니즘을 추구한다. 책을 만드는 일도, 책을 읽는 일도 모두 사람이 하는 일이라고 본다면 독서는 사람을 존중하는 일이다. 읽는 사람을 생각하고 책을 만든다면 더 좋은 내용의 책이 기획되고 생산되는 과정이 독서와도 자연스럽게 연결된다.

책문화冊文化, BookCulture는 책과 문화의 결합이다. 책은 인간의 정신적 창작이라는 과정을 통하여 탄생하며, 이렇게 탄생한 책을 사람들이 읽음으로써 사상이나 정보가 공유되고 확산되며 개인뿐만 아니라 사회가 진보progress한다.

국내 문헌에서 '책문화'라는 키워드로 검색해 본 결과 학술연구에서는 출판전문지 〈출판저널〉에서 처음 사용한 것으로 나온다. '부산지역 책문화의 터줏대감 영광도서'(〈출판저널〉, 1990년 5월 20일자, 정혜옥 기자, 대한출판문화협회)라는 부제에서 책문화라는 용어를 사용하여 부산의 서점 영광도서를 소개했다. 이후 '취약한 책문화가 낳은 베스트셀러'(《한국논단》, 1990, 14권, 122-129, 이중한), '책문화의 최일선 심부름꾼 인천중앙도서관 이동도서관'(〈출판저널〉 1991년 93권) 등 책문화라는 키워드로 출판, 서점, 도서관, 저술, 독서 등 관련 분야를 연구한 결과들이 있다. 즉 책문화라는 개념 속에는 출판, 서점, 도서관, 저술, 독서 등 책과 관련한 모든 것을 포함한다는 것을 알 수 있다.

책문화의 개념을 세 가지로 정의해 본다. 첫째는 책이라는 형태로 생산하고 유통하고 읽는 출판산업적 측면에서 본 개념으로서 책을 생산하는 출판사, 책을 저술하는 저자, 책을 유통하는 도매상과 서점, 책을 공유하는 도서관, 책을 소비하는 독자들이 존재하고 이들은 가치사슬로 연결되어 있다. 기술의 발전으로 인해 책이라는 꼴이 없이(즉 손으로 만져지지 않는) 텍스트로 생산되고 유통되는 전자출판물도 포함된다.

책문화의 두 번째 개념은 책이라는 포장 안에 담긴 내용, 즉 콘텐츠로서의 책문화이다. 콘텐츠는 시대적, 사회적, 정치적, 문화적 의미를 보여주기 때문에 책문화는 그 시대를 반영하며 또한 시대에 따라 다르게 해석되기도 한다. 예를 들면 출판물의 동향, 베스트셀러가 시대에 미치는 영향, 금서禁書 등은 당대의 책문화라는 개념으로 설명할 수 있다.

셋째는 광의의 책문화이다. 앞의 두 가지의 책문화가 협의의 책문화 개념이라면 광의의 책문화는 책이라는 미디어가 창작-생산-소비되는 과정에 영향을 미치는 다양한 환경까지 포함한다. 즉 책이 저술되고 생산되어 소비되고 다시 생산에 영향을 미치는 다양하고 총체적인 환경까지 포함한다. 따라서 광의의 책문화는 출판(기획, 저술, 제작, 유통)의 영역과 독서(읽기, 쓰기, 향유하기)의 영역을 모두 아우르는 개념이다.

'책' 자체에 초점을 두는 것도 의미가 있지만 책을 둘러싼 환경, 즉 책을 만드는 주체들, 책과 사람을 이어주는 주체들, 책을 읽는 주체들이 건강한 환경에서 활동할 수 있는 것이 더 중요하다고 보며, 자연의 질서라고 할 수 있는 정책, 제도, 법은 생태계의 구성원들이 건강하게 존재하며 상호작용하도록 도와주는 요소들이다.

　책이란 인간이 만들고 인간이 읽는 것이다. 인간의 자유롭고 건강한 정신과 윤택한 삶을 위해 존재하는 것이 책이다. 따라서 본 연구자는 책을 만들고 읽고 전파하고 교류하는 환경적 요소 전체를 문화라고 보았으며, 책문화생태계는 이를 모두 포괄하는 개념으로서 산업의 성장을 지속가능하게 하며, 건강한 책문화가 확산되도록 하는 시스템이다. 즉 책문화생태계는 책을 만들고 유통시키는 주체와 책을 소비하는 주체가 존재하는데 이 주체들이 제대로 순환되도록 출판의 외적 환경(정부 정책, 교육, 문화의식, 사회분위기 등)을 모두 포함한다.

# 책문화생태계와
# 지역출판

책문화생태계와 지역출판을 생각해 보자. 출판-독서-도서관-서점은 모두 '책'이라는 공통분모를 가지고 있으며 출판의 창작과 소비에 이르기까지 가치사슬이 연결되어 있다는 특징이 있다. 그러나 정부의 정책수립은 그렇지 않다. '책'을 둘러싼 주체는 출판사, 도서관, 유통사, 서점, 소비자(독자) 등 다양하다. 이들은 '저술-출판-유통(서점)-도서관-독자'라는 큰 가치사슬 관계에서 긴밀하게 연결되어 있다.

출판, 독서, 도서관은 책이라는 공통분모를 가지고 있음에도, 생산과 소비로 연결된다는 점에서 관련 정책들이 함께 수립되고 실행되어야 했는데, 각각 정책들이 만들어지고 정책 수립 일정들도 서로 엇갈리면서 정책의 연결성이 약했다는 약점이 있다. 즉 출판정책은 산업이라는 관점에서 수립되어 왔고, 도서관 정책은 문화적인 측면에서 접근해 두 정책이 만나지 못하고 평행선을 띤다는 것이 특징이다.

우리나라는 2007년이 되어서야 독서문화진흥법을 마련하면서 독서에 대한 정책이 시작되었다. 독자들이 책을 만날 수 있는 독서환경은 도서관과 서점이다. 공공도서관은 국민들의 독서에 대한 공공복지 서비스를 제공해주는 공적기관이며, 서점은 개인 독자들을 위한 소비 공간이다. 독서환경에서 도서관은 매우 중요하다. 도서관에는 책이 있고 사서가 있고 사람들이 모이고 공간이 있다. 도서관에서 다양한 독서프로그램을 운영할 수 있으며 다양한 문화프로그램을 운영할 수 있고 연극, 영화, 취미 등 지역사회의 다양한 활동의 중심이 되는 커뮤니티 공간이다.

집에서 편한 복장으로 지역서점에 가서 책을 발견하고 그 옆에 놓인 책을 또 발견하는 '발견의 네트워크 효과Network Effect of Discovery'가 일어나면서 독자로서 몰랐거나 혹은 숨겨져 있는 독서에 대한 니즈가 직접 눈으로 책을 확인하는 과정을 통해서 점점 확산되는 효과를 기대할 수 있다. 발견의 네트워크 효과를 위해서는 책을 쉽게 발견할 수 있는 서점이나 도서관 등 책이 있는 공간이 많을수록 커진다.

따라서 온라인서점에서의 책소비는 이러한 발견의 네트워크 효과를 기대하기 어렵다. 특히 책문화 통합정책을 수립하고 실행하여야 한다. 즉 출판-독서-도서관-서점을 통합하여 정책이 유기적으로 상호작용하는 생태계 관점으로 전환해야 한다. 특히 지금까지 중앙정부가 주도하여 이끌어 왔던 정책을 지방정부로 확장할 필요가 있다. 지방정부에서 책문화 정책을 수립하고 실행하고, 또 다른 지방정부와의 네트워크가 이루어지는 시스템이 필요하다. 중앙정부는 책문화에 대한 빅픽처를 그리고, 지방정부와 소통하면서 각 지방정부에서 다양하고 지역의 특색에 맞는 책문화 정책과 활동들이 일어나도록 해야 한다.

지역출판은 지역의 문화, 역사, 사람들의 일상 등 지역의 모든 것을 기록한다는 점에서 공적인 기능을 한다. 출판이라는 행위는 우리가 살고 있는 시대를 채집하는 역할을 한다. 지금은 그 기록들이 큰 의미가 없을지라도 나중에 후대 입장에서 본다면 매우 중요한 사료가 될 수 있다. 이렇게 본다면 지역출판은 그 지역의 공공재 역할을 하고 있다.

지역 고유의 문화, 역사, 전통 등을 발굴하고 기록하는 역할을 지역출판사들이 해야 하며, 지역출판사들의 출판물을 독자들이 접할 수 있도록 도서관과 서점의 협업이 필요하다. 그리고 지역출판물이 지역뿐만 아니라 타 지역, 국가를 넘어 세계화가 될 수 있는 여건들도 필요한데 그 시작은 지역에 살고 있는 시민, 지역 공동체의 역할이 매우 중요하다.

# 출판학과 없는
# 출판산업의 현실

100년을 내다보고 출판의 정신을 이어나가는 학문적 기반 필요하다. 책을 읽는 의미 중 하나가 지식을 얻기도 하지만 지혜로운 사람으로 성장하기 위해서이다. 지혜로워진다는 것의 의미는 무엇일까. 지혜롭다는 의미는 교육과 경험을 토대로 어떤 현상이나 사물을 판단할 때 조화로운 균형 감각을 찾아가는 것이라고 본다.

출판업계에서 20년 넘게 종사하면서 정부와 출판업계 현장이 가장 놓치고 있는 것 중의 하나가 출판교육이다. 출판은 단기간에 기술을 습득하는 업이 아니다. 인간의 창의적이고 문화적인 고도의 정신활동이 농축되어 출판이라는 과정을 통하여 책으로 탄생되고 독자들이 책을 읽는다.

출판과 책은 문화의 가장 바탕이 될 뿐만 아니라 인간사회를 풍요롭게 만드는 토대가 되며, 문학·인문·과학·예술·경영 등 다양한 학문이 융복합적으로 응용되어야 하는 종합예술이다. 출판을 통하여 모든 학문과 연결시킬 수 있는 열린 학문이 출판학인 것이다.

현장에서 느끼는 출판에 대한 인식은 매우 인색하다. 문화콘텐츠 시대에서 가장 우선시 되어야 하는 출판과 독서에 대한 중요성이 매우 낮게 인식되고 있으며 '출판학'이라는 학문적 위상도 정립되지 못했다. 이에 대한 원인을 외부가 아닌 내부의 문제부터 먼저 성찰할 필요성이 있다. 정부뿐만 아니라 출판연구단체, 출판단체 등 학계와 업계가 다같이 반성하고 미래의 책문화를 위하여 무엇이 가장 중요한 것인가를 토론하고 공감대를 형성해야 하는 시점이다.

미국, 영국, 독일, 일본, 중국 등 전 세계의 선진국들은 4년제 대학교에 출판학과를 두고 있으며 출판을 연구하는 석박사 학위과정도 운영할 뿐만 아니라 현장에서 근무하고 있는 출판인들의 역량 강화를 위한 다양한 프로그램도 운영하고 있다. 그만큼 출판인에 대한 전문성을 인정한다. 우리는 전 세계에서 최초로 금속활자를 발견할 정도로 기록과 출판에 대한 민족성을 가지고 있다. 이러한 정신을 학문적으로 성숙시키고 대중성으로 상업화시키기 위해서는 출판학에 대한 교육철학이 무엇보다 선행되어야 한다.

　우리나라는 현재 4년제 대학 중 세명대학교 디지털콘텐츠창작학과에서 2014년부터 전자출판전공을 운영하고 있으며, 2년제 대학 중 신구대학교와 서일대학교에서 출판전공을 운영하고 있다. 이외에도 국문학과, 문예창작학과, 문화콘텐츠학과, 신문방송학과, 문헌정보학과 등에서 출판과목을 개설하고 있을 뿐 출판학과라는 독립적인 학과체제가 아닌 타 학문에 기대어 출판과목이 개설되어 운영되고 있는 형편이다.

　출판교육의 가장 큰 문제는 출판학에 대한 체계적인 학문적 토대로서 지속가능하지 않다는 점이다. 출판은 대학에서 한 학기 16주만에 모든 것을 배울 수 있는 학문이 아니다. 출판에 대한 철학, 출판의 역사, 출판기획, 편집실무, 북디자인, 출판마케팅, 출판경영, 출판의 OSMU, 해외 저작권 수출, 독자연구와 개발, 기술과 접목한 출판의 미래산업 발굴 등 매우 다양한 과목을 개설하여 이론적이고 심층적이며 현장과 협력을 통한 체계적인 교육과정이 이루어져야 한다. 이러한 출판교육은 학과뿐만 아니라 출판의 역사를 잇고 미래 출판의 먹거리를 선점할 수 있는 석·박사 과정과도 연계되어야 한다.

　책문화는 급격하게 소셜네트워크 서비스, 유튜브 등 새로운 기술 환경과 융합해야 하는 시점에 와 있다. 독자들의 소비 패턴은 온라인과 스마트 미디어로 이동했다. 출판업계는 독자가 책을 읽지 않는다, 책을 사지 않는다며 원인을 독자에게 미루기보다는 새로운 환경에서 독자들이 책을 읽을 수 있는 도서 소비 접근성을 높여야 한다. 접근성은 가장 쉽게 콘텐츠를 만나고 구매할 수 있는 환경 조성이다. 가령 스마트폰에서 영화, 영상 등 다양한 콘텐츠들이 넘쳐나지만 출판콘텐츠는 매우 부실하고 접근성도 매우 낮다. 즉 소비자가 많은 곳으로 출판이 적극적으로 이동해야 한다.

이에 대한 종합적인 조사연구를 통하여 대안 마련이 필요하겠지만 출판이 독자를 찾아나서는 적극성이 필요하다. 그동안 출판업계에서 독자연구도 많이 부족했다는 점에서 정부의 출판정책이 출판 공급자 중심에서 출판 수요자 중심으로 전환해야 하는 과제도 있다.

〈출판저널〉이 창간호에 기록해 두었던 출판유통의 선진화는 30년이 지나도록 아직도 해결되지 않은 과제이다. 여기에다 사재기, 베스트셀러 집착, 도서정가제, 출판의 양극화 등 복합적으로 문제들이 얽혀 있다. 필자는 이러한 가장 근본적인 원인은 출판의 철학이나 출판의 정신이 상실되었기 때문이라고 진단한다.

앞서 설명한 바와 같이 출판학과에서 학문적 토대 위에서 출판의 정신과 철학에 대한 깊이 있는 성찰이 지난 30년간 꾸준히 이어져 왔어야 했다. 산업화 시대의 출판 1세대들은 건물도 올리고 부를 축적했지만 출판의 존재정신이 후배들에게 이어지고 있는가를 생각해 보자. 건강하지 못한 생태계 구조를 건강한 생태계로 혁신해야 한다. 그 혁신의 첫걸음은 업계 내부의 성찰을 통한 자정작용이다. 이러한 과정은 결국 출판교육으로부터 시작된다.

책문화의 사회적 가치를 창출하고하 하는 마음으로 책문화네트워크를 운영했다. 출판·책·독서의 가치가 사회적 가치 창출로 이어지는 역할을 할 것이다. 〈출판저널〉을 구독하시는 독자들도 사회적 가치 창출에 함께 동참하시는 것과 같다. 각 지역의 도서관에서 〈출판저널〉 독서모임이 이루어지는 모습을 상상해 본다. 꼭 〈출판저널〉이 아니어도 곳곳에 독서공동체가 생동하길 기대해 본다.

유대인은 책의 민족이다. 이에 대한 저작을 쓴 미국의 역사가 맥스 I. 디몬트는 《책의 민족》에 매우 의미심장한 글을 썼다.

"사상이 인간을 움직이고, 역사를 창조하는 것도 사상이라고 믿는다. 사상이 없는 사회에는 역사도 없다. 그런 사회는 숨만 쉴 뿐이다." -《책의 민족》(교양인, 2019)

우리사회는 지금 출판의 사상, 책의 사상이 있는가.

# 책의 해에
# 생각하게 되는 것들

"한마디로 책 읽기는 기존의 앎에 심한 생채기를 내는 상처 만들기다. 책을 읽어서 생긴 상처는 오로지 책 읽기를 통해서만이 치유될 수 있다. 그래서 읽기는 기존의 나를 잃고 또 다른 나로 변신하는 혁명적인 탈바꿈의 과정이다."-《독서의 발견》(유영만 지음)

유영만 한양대 교육공학과 교수는 공고를 졸업하고 용접공으로 일하다가 고시체험생 수기집을 읽고 고시 패스를 위해 대학(한양대 교육공학과)에 입학하게 되었고 군대에 다녀와서 고시공부 했던 책을 분서갱유 하고 나서 닥치는 대로 책을 읽었다. 저자는 "처음으로 책의 바다에 빠져본 경험, 비록 뒤늦은 책과의 인연이 시작되었지만 책을 통해 인생의 방향 전환을 결심했고 책을 통해 잡았던 방향이 잘못된 방향이라는 걸 깨닫게 되었다"고 고백한다.

우리는 살면서 선택의 과정을 거치게 되는데 선택한 결과가 다음에 미칠 영향에 대해서는 깊이 생각할 겨를이 없이 살게 되기도 한다. 독서를 하며 발견한 것들은 소중하다. 내 인생을 변화시킨다. 안타까운 점은 출판산업의 침체를 독자들이 책을 읽지 않는다는 이유로 돌리면서 독자들에게 책 읽기를 강요한다는 것이다.

독서는 강요로 되는 것이 아니라 스스로 발견하는 것이다.

"올해가 책의 해래."

"그래?"

"응..."

"그래서?"

"..."

최근 버스를 탔는데 앞에 앉은 사람들 대화이다. 몇 년 전부터 문화체육관광부가 '책의 해'를 지정했다. 그러나 정작 국민들은 책의 해가 무엇인지를 모른다.

국민들에게 책의 가치를 알리고 독서문화를 만들기 위한 취지는 좋다. 공급자 중심이 아닌 수요자 중심(고객 중심, 독자 중심) 시대로 패러다임 변화를 생각해 본다면 책의 해가 출판 내부의 행사가 아닌 전국민적 관심사가 되도록 만들어야 한다. 책이라는 본질적인 순수성과 사회적 가치를 생각해 본다면 그렇다.

독자들이 책을 접하는 곳은 대표적으로 도서관과 서점이다. 전국에 있는 모든 도서관이 주체가 되어 책의 가치를 알리고 독서문화의 중심이 되도록 이끌어야 한다. 특히 독서문화는 중앙중심이 아니라 지역중심을 지향해야 하며, 지역중심의 독서문화는 지역에 있는 도서관이 지역 시민들과 함께 주도해야 한다. 여기에 산업(출판사와 대형 온오프라인 서점 등)은 사회공헌으로 협력하여 시너지를 높이고, 다시 산업의 발전으로 이어지는 선순환 시스템이 필요하다.

국민세금이 투여된다면 출판사와 대형 온오프라인서점이 매칭펀딩하여 전 국민 독서문화 확산과 책의 가치를 알리는 데 쓰면 어떨까. 독자들이 베스트셀러를 만들어 준 출판사들이 앞장서서 사회공헌 차원에서 기부금을 내서 독서문화에 기여하는 노블레스 오블리주가 필요하다.

책의 해에 책의 가치를 알리고 독서의 중요성을 알리는 일은 중요하다. 그러나 출판단체와 출판사들이 가장 먼저 해야 할 일은 출판유통시장을 교란시키고 있는 사재기를 없애는 자성이 필요하며, 일하기 좋은 출판일터와 양질의 일자리를 만드는 출판환경을 만드는 데 노력하는 것이 먼저가 아닐까 싶다. 그리고 도서관과 지역사회의 이웃들에게 사회공헌을 하는 일도 매우 중요하다.

독자들은 예전 같지 않다. 더 똑똑하며 더 지혜롭다. 책의 해의 주인공은 책을 읽는 독자들, 책을 읽고 싶은 독자들이다.

# 출판계가
# 위기라는데

    출판계는 9월과 10월이 되면 북페스티벌 등 많은 행사들로 분주하다. 서울국제도서전이 메르스 때문에 상반기에서 10월로 연기되는 바람에 올해는 출판사들이 더 바빴을 것이다. 출판계 단체들마다 행사를 주관하고 거기에다 도서관들도 행사를 하니 아바타를 만들고 싶은 심정이다.
    삼성에서 임원으로 퇴직한 지인은 중견기업에서 전문경영인을 하고 있다. 그는 삼성에 근무했던 30년동안 매년마다 그룹 총수에게 들었던 메시지의 키워드는 '위기'였다고 한다. 재계에서 1위를 달리고 있는 그룹도 매년마다 위기관리를 하면서 경영을 했다는 것이다.
    우리 출판계도 독자가 사라지는 위기를 겪고 있다. 읽는 문화에서 보는 문화로 패러다임이 이동되면서 책뿐만 아니라 문자를 읽는 사람들이 점점 줄어들고 있다. 종이신문을 읽는 독자들이 줄어들고 있고 종이책을 읽는 독자들도 줄어들고 있다.

몇 년 전에 미래학을 연구하는 분께 "종이책은 언제 사라질 것 같은가?"라고 질문을 던졌다. 그는 2015년이 되면 종이책은 사라질 것이라고 단언했다. 올해가 2015년이다. 미국에서는 전자책 산업이 오히려 하향하고 있고 우리나라 전자책산업도 계획대로 성장하지 못했다.

한국출판문화산업진흥원에서 발간하는 《KIPPA 출판산업 동향》에 따르면 도서발행실적이 있는 출판사 수는 2012년에 6,222개사에서 2013년에는 5,740사로 감소하였다가 2014년에 6,131사로 전년대비 391사(6.8%) 증가하였다. 출판환경이 어려워지고 있는데 출판사는 오히려 늘어났다. 출판업으로 진입이 쉬운 반면 시장이 작기 때문에 경쟁이 더 치열해지고 있는 것이다.

트렌드는 외부적인 환경이고 내부적인 출판환경을 어떻게 정비하고 혁신할 것이냐가 출판산업 위기를 극복할 수 있는 열쇠일 것이다.

# 차별과 배제,
# 그들만의
# 리그 속에서

"한국의 촛불 혁명이 흥미로운 건 최근 정치적 격변을 겪은 나라들 중 튀니지를 빼면 '벗어날 자유'뿐만 아니라 '행동할 자유'를 얻은 유일한 사례이기 때문입니다. 둘 다 혁명의 진행 과정이 아날로그적이었다는 점도 흥미롭습니다. 사람들이 집에서 트위터만 하는 게 아니라 직접 문밖으로 나가 한겨울의 거리에서 매일 서로 접촉하며 신뢰를 구축했지요. 정치인들이 그걸 보았고 사람들의 목소리를 진지하게 받아들이기로 마음먹은 것입니다. 정말로 놀라운 일이지요. 한국인들은 평화적으로 민주적인 혁명을 이뤘습니다."

-《늦어서 고마워》중에서

베스트셀러 작가 토머스 프리드먼은 《늦어서 고마워》에서 한국의 촛불 혁명에 대해서 썼다. 1987년 민주화 운동만큼이나 뜨거웠던 촛불혁명은 외국의 저널리스트가 보기에도 매우 흥미로웠던 모양이다. 이번 촛불혁명을 통해서 우리는 조직, 사회 그리고 국가를 이끌어가는 리더가 얼마나 중요한지 다시 깨달았다.

출판계의 리더십은 어떤가. 한국출판문화산업진흥원 2대 원장은 출판 블랙리스트, 아파트 셀프분양 등으로 국정감사에서 지적을 받은 후 3년 임기를 채우지 못하고 2017년 12월 말일자로 사표를 냈다. 리더의 가장 큰 역할은 인사人事다. 인사가 만사라는 말도 있지 않은가. 리더십의 실패는 인사, 특히 좌천인사로부터 시작된다. 리더는 직원들로부터 펠로우십을 만들어 낼 줄 알아야 한다.

문화체육관광부는 2017년 12월 한국출판문화산업진흥원의 신임 이사로 출판계 인사를 5명 선임했다. 장관이 임명하는 자리다. 이사 9명 중 5명이 출판계 인사인 것은 좋다. 그러나 이사 선임에 문제가 있다.

한국출판문화산업진흥원은 특정 출판단체를 위한 공공기관이 아니다. 출판, 독서, 서점, 도서관 등 책문화를 위한 공공의 정책과 산업의 발전과 독서문화 진흥을 위한 정책을 수립하고 수행하는 기관이다. 따라서 이사회도 출판, 독서, 서점, 도서관, 학계, 시민단체 등 책문화의 현장을 대변할 수 있도록 골고루 구성되어야 한다.

 이렇게 중요한 직무를 총괄 수행하는 기관의 리더십은 매우 중요하다. 전임 원장이 임기를 마치지 못하였고, 출판산업의 패러다임이 변화되고 있는 시점에서 출판을 살리고 독서문화를 진흥시킬 수 있기 위해서는 사익을 추구하거나 어떤 특정한 단체의 이익을 도모하지 않는, 책문화의 공공성을 위해 헌신할 수 있는 리더십이 필요하다. 우리가 광화문에서 촛불을 들고 무엇을 염원했던가를 생각해 본다.

# 함께 성장하는
# 사회를 위한
# 책문화 가꾸기

변화한다는 것은 변질이나 퇴보가 아니다. 조금씩 발전하면서 성장하는 것이다. 책은 우리에게 어떤 의미를 주는가. 책을 읽는다는 것은 새롭게 성장한다는 의미다. 2020년 연초부터 코로나19로 우리 사회가 모든 분야에서 혼란스러웠지만, 세계 각국의 코로나19 여파에 비하면 매우 안정적인 코로나 방역을 해왔다. 모든 국민들이 함께 연대하여 애쓴 결과이다. 자영업자, 소상공인이 대부분을 차지하는 우리나라 경제 규모 속에서 희생하고 헌신한 분들이 있다.

책을 내는 저자도, 출판사도, 도서관도, 서점도 모두 힘든 시기를 건너왔다. 엄청난 감염병으로 우리 국민들은 정신적으로 고통을 이겨내는 면역력을 기른 시간이었다. 앞으로 어떤 미래가 우리 앞에 펼쳐질지 기대되지만 혼자보다는 함께 연대하여 관계를 맺음으로써 건강한 사회를 만들어나가야 할 것이다. 저자, 출판사, 서점, 도서관, 독자 등 책문화의 주체들이 연대함으로써 책문화생태계를 지속적으로 성장시켜 나가야 할 책임이 있다.

책문화는 단순히 출판산업뿐만 아니라 지식, 교육, 사상, 문화 등 다양한 영역에 필요한 영양소처럼 작용한다. 콘텐츠로 세계시장을 사로잡는 시대에서 지적 뿌리를 담당하는 출판이 사양사업이 아니라 미래의 신산업의 기초가 될 수 있는 동력이 되어야 할 것이다. 이를 위해서는 출판의 공공성이 보완되고, 정책의 방향이 공급자 중심에서 책문화 수용자 중심으로 이동해야 한다.

1987년에 창간된 〈출판저널〉은 34주년을 맞이하면서 판형을 단행본 사이즈로 줄이는 변화를 했다. 전자책 기기로 〈출판저널〉을 읽는 독자들에게도 가독성을 추구했다. 이미지, 영상 시대 속에서 문자 텍스트의 소중함이 감소되어 가고 있는 가운데 책, 잡지 등 문자 매체의 영향력도 낮아지고 있다. 그럼에도 문자 없는 시대를 살 순 없다. 우리는 모두 읽고 쓰고 말하고자 하는 욕망을 실현하면서 살고 있다. 〈출판저널〉 독자들과 함께 시대의 담론을 기록하고자 한다. 참을 수 없는 존재의 가벼운 시대를 살고 있지만 책문화를 사랑하는 독자들의 마음은 결코 가볍지 않을 것이다.

# 2부

# 책문화와 생태주의

# 현장의 고민이 만든 기획,
# 책문화생태계 담론

〈출판저널〉이 2017년 9월호로 창간 30주년 통권 500호를 맞이하기 전에, 발행인으로서 큰 고민에 빠졌다. 그리고 이러한 질문들이 맴돌았다. '지난 30년간 〈출판저널〉이 속도의 시대를 살아오면서 놓친 것은 없었는가?, 이제부터 〈출판저널〉이 추구해야 할 가치는 무엇인가?, 한국의 출판은 시대와 어떻게 가야 하는가?'였다. 1987년부터 〈출판저널〉 창간과 함께 하지 않았지만, 2006년 7월부터 수석에디터로서 〈출판저널〉의 위기를 함께 해 온 필자로서는 매우 절박한 질문들이었다.

그래서 기획한 좌담시리즈가 '책문화생태계 모색과 대안'이었다. 이제는 출판을 어떤 관점으로 봐야하는지 여러 고민을 해결하고자 하는 의지였다. 출판산업을 출판이라는 관점으로만 현상을 보려고 하지 말고, 책이 저술되고 출판되고 유통되며, 도서관이나 서점에서 독자를 만나고, 독자의 영향력이 다시 출판으로 이어지는 생태계적 관점에서 되짚어 봐야 한다. 즉 책문화를 건강하게 만들기 위해서는 생태계 안에서 활동하는 우리 모두 다같이 협력하고 해결해야 할 문제들이 무엇인가를 모색해 보자는 것이었다. 형식은 좌담이나 대담으로 하기로 하고, 매 호마다 주제를 정하여 전문가들과 함께 허심탄회하게 '우리의' 문제를 테이블에 올려놓고 진단과 방안을 모색해 보는 과정으로 진행했다.

책문화생태계 좌담 시리즈를 시작한 지 1년 만에 일본에서 우리 시리즈물을 번역해서 단행본으로 출판하겠다고 연락이 왔고, 2018년 11월 11일에는 한일 동시 출간이라는 성공사례도 만들었다.

〈출판저널〉 500호부터 진행된 기획시리즈 책문화생태계 토크 주제들은 다음과 같다.

1회(500호) : 국가경쟁력과 책문화생태계의 현재와 미래
2회(501호) : 도서관은 우리에게 어떤 공간이어야 하는가
3회(502호) : 2017년 책문화생태계 이슈와 2018년 전망
4회(503호) : 지역출판의 시대가 온다!

5회(504호) : 미투 이후, 좋은 일터를 위한 출판환경

6회(505호) : 서점의 현재와 미래

7회(506호) : 독자의 마음을 사로잡는 출판기획의 새로운 흐름

8회(507호) : 독서에 대하여 독자가 말하고 싶습니다

9회(508호) : 책으로 본 북한, 남북교류에 대하여

10회(509호) : 2019년 경제전망과 출판산업

11회(510호) : 청소년 독서환경과 독서교육

12회(511호) : 출판의 국제화와 번역의 중요성

13회(512호) : 어린이 독서운동의 방향

14회(513호) : 콘텐츠 전문화 시대의 매거진 활성화 정책

15회(514호) : 출판인재 양성의 현재와 미래

16회(515호) : 책문화 미래 지형을 어떻게 만들 것인가

17회(516호) : 대학의 위기를 어떻게 극복할 것인가

18회(517호) : 책문화 신진 연구자 발굴과 출판역사 연구의 필요성

19회(518호) : 코로나 시대, 일상의 변화와 사유의 발견

20회(519호) : 도서정가제 개선 방안

21회(520호) : 만화출판 · 웹툰콘텐츠 전망

22회(521호) : 지역문화와 우리의 삶

23회(522호) : 생태주의 관점은 왜 필요한가

24회(523호) : 마을공동체운동과 생태적 교육

25회(524호) : MZ세대와 출판의 미래

26회(525호) : 책문화와 ESG

27회(526호) : 도서관은 어떻게 우리의 일상이 되는가

28회(527호) : 교육의 대전환, 청소년 독서토론 교육 어떻게 해야 할까

29회(528호) : 공공대출보상제도 도입 방향

30회(529호) : 지속가능한 책문화생태계를 어떻게 만들 것인가

31회(530호) : 실질적인 도서관 거버넌스 운영 어떻게 해야 할까

32회(531호) : 나는 어떻게 저자가 되었나

33회(532호) : 디지털 시대, 진화하는 독자와의 소통

34회(533호) : 관계 증진을 위한 독서 어떻게 해야 할까

35회(534호) : 작은도서관을 어떻게 가꾸어야 할까

100회쯤 되면 국내 책문화생태계가 지금과는 다르게 많이 변화되길 희망한다. 마음은 100회뿐만 아니라 1,000회를 달성하길 원하지만.

〈출판저널〉에서 시작한 책문화생태계 담론은 점차 저자, 출판, 도서관, 서점 등으로 퍼져나갔다. 정책에도 조금씩 반영되고 있다. 좋은 현상이라고 본다. 보람을 느낀다. 생태계를 이끌어가는 가장 중요한 주체는 사람이다. 지난 30년간 산업적 측면을 강

조하는 정책이 중심이었다면, 앞으로는 산업을 지속적으로 이끌고 갈 인재를 양성하는 환경을 조성해야 할 것이다.

2017년부터 책문화생태계 담론을 이끌어오면서 책문화의 본질을 탐구했는데, 국내 출판계가 출판의 본질을 추구하려는 노력이 부족했다는 점을 발견했다. 이러한 현상은 독서, 도서관, 서점도 같은 맥락이다. 독자들에게 왜 책을 읽지 않느냐고 타박하기보다는 책문화생태계 주체들이 각자의 위치에서 존재 이유를 성찰하고 문제를 해결해나가며 공감하는 과정이 필요하다. 책은 단순한 소비재가 아니다. 인간의 정신활동의 결과물로 공공재이기도 하다.

우리가 함께 무엇을 추구하느냐에 대한 본질적인 질문들과 그 질문들에 대하여 답을 찾아가는 여정이 독자들에게도 공감이 되었으면 한다. 우리가 이 시대에 회복해야 할 것은 휴머니즘이다. 책을 읽는다는 것에 대한 경이로움, 당대의 담론을 만들고 사상을 만들어가는 출판의 사명이 필요한 때이다.

# 생태주의 관점에서
# 조망한 책문화의
# 현재와 미래

　이십 대 초반부터 출판인으로 글을 쓰고 책을 만들며, 출판업에 종사해 왔다. 출판편집자로서 출판계를 바라보는 시각의 변화와 출판인으로서 전환점이 된 시기는 2006년 7월 〈출판저널〉 편집부에서 수석에디터로 일하면서부터이다. 〈출판저널〉은 1987년 7월에 창간된 매체이다. 창간 당시엔 출판계 안팎으로 관심을 많이 받은 매체였다. 〈출판저널〉에 몸담고 있으면서 출판에만 사로잡힌 시각보다는 출판을 포함한 책문화의 숲을 조망할 수 있는 기회가 되었다.
　출판은 홀로 존재할 수 없다. 저자, 독자, 도서관, 유통, 문화콘텐츠 영역까지의 확장성을 내포하고 있다. 출판활동은 문화영역으로만 좁게 볼 수도 있지만, 출판활동은 정치, 사회, 교육 등 다양한 영역과의 연계성을 가진 매우 중요한 가치를 담고 있다. 지식정보 생산을 담당하는 문화산업 생태계의 핵심 주체인 출판은 국가의 출판정책 측면에서 볼 때 매우 낮은 정책 관심도를 보여준다.

한편 일반 시민들이 갖는 출판에 대한 위상도 낮은 편이다. 출판은 왜 희망을 걸 수 없는 '사양'산업으로 불려야 할까. 출판은 왜 새로운 미디어 변화에 따라서 문화콘텐츠 산업의 성장 동력으로서 위치될 수 없을까. 출판문화산업진흥법이 제정되었고 출판진흥정책 5개년 계획이 실행되고, 한국출판문화산업진흥원이 설립되었는데 출판산업은 왜 항상 어려운 현실일까. 출판과 함께 정책적인 면에서 상생해야 할 독서, 도서관, 서점, 독자, 저자 등 다양한 책문화 주체들과의 협력이 잘 이루어지지 않는 이유는 무엇일까. 이러한 질문들이 책문화생태계 연구의 시작으로 이어졌다.

〈출판저널〉 통권 500호인 2017년 9월호부터 책문화생태계 좌담을 시작으로 현실적인 문제와 이를 해결할 수 있는 방안을 모색하는 기획을 했고, 좌담 진행과 더불어 연구활동을 통해 책문화생태계 담론을 이끌어냈고 생태주의 관점에서 출판, 독서 등을 책문화 주체들의 현재 위치와 한계, 생태계 각 주체들 간의 연결과 상호작용의 의미와 방향을 연구했다.

필자의 박사 논문 주제는 '출판·독서생태계의 구성 요소 분석과 책문화생태계 모델 연구'이다. 생태주의 관점에서 출판생태계와 독서생태계의 특징과 해결 방안, 그리고 이 두 생태계의 상호작용과 시너지를 통해 건강한 책문화생태계를 구현하기 위해서는 어떤 요소들이 필요한지를 연구했다. 즉 문화콘텐츠 시대의 출판생태계와 독서생태계의 연결과 상생 방안을 밝히고자 했다.

건강한 생태계를 지속가능하게 만들기 위해서는 다양성, 균형, 공생, 상호관계적 공진화, 항상성이라는 요소가 필요하다. 특히 필자는 생태계 이론뿐만 아니라 삼원이론을 융합한 모델을 통해 생태계 모델을 연구했다. 삼원론은 추상적인 출판생태계와 독서생태계의 상호작용을 명징하게 보여주는 이론적 틀이 되어 주었으며, 삼원론은 생태계적 특성인 '항상성'을 유지하면서 '다양성'을 추구하고, '균형'을 통해 '공생'하면서 '상호관계적 공진화'를 하는 원리를 내재하고 있는 이론이다. 본질적 항상성을 유지하는 뉴토, 추진력 있는 다양성의 헤테로, 수용력 있는 다양성의 호모는 균형과 공생관계이며, 그리고 지속가능한 생태계를 지향하는 상호관계적 공진화를 통하여 현실적 항상성인 뉴트로를 구현한다.

첫 번째 연구문제인, '출판생태계 구성 요소 분석'에서는 출판생태계를 구성하는 다양한 구성 요소를 분석함으로써 지속가능한 출판생태계를 구현하는 핵심 요소를 파악하였다. 또한 출판의 본질과 가치, 출판 주체로서의 출판사, 출판산업 환경, 그리고 출판사와 출판산업 환경의 상호작용과 지속가능한 출판생태계를 위한 핵심 요소 도출이다.

출판사와 출판산업 환경이 긍정적인 상호작용을 하면서 출판의 본질과 가치가 지속가능한 출판생태계로 구현하기 위해서는 출판사는 '기업가 정신과 출판콘텐츠 질적 성장'이라는 핵심 요소가 필요하며, 출판산업 환경은 '정책의 역동성과 협력 프로세스 추진'이라는 핵심요소가 필요하다. 이러한 건강한 출판생태계의 구현으로 출판이 올드 미디어라는 인식에서 벗어나 기술과 미디어와의 융합으로 문화콘텐츠 시장을 선제적으로 이끌어 나가는 뉴 미디어로 전환할 수 있다.

두 번째 연구문제인, '독서생태계 구성 요소 분석'은 독서생태계를 구성하는 요소를 분석함으로써 지속가능한 독서생태계를 구현하는 핵심 요소를 파악하였다. 또한 독서의 본질과 가치, 독서운동, 독서환경, 그리고 독서운동과 독서환경의 상호작용과 지속가능한 독서생태계를 구현하기 위한 핵심 요소를 도출하였다.

독서운동과 독서환경이 긍정적 상호작용을 통하여 지속가능한 독서생태계를 구현할 수 있는데, 독서운동은 '개인독서-사회적 독서의 연결과 확산'이라는 핵심 요소가 필요하며, 독서환경은 '독서주체들과 정책의 유기적인 협력시스템 조성'이라는 핵심 요소가 필요하다.

　이러한 핵심 요소의 작용을 통하여 독서생태계 구현이 가능하며, 독서의 본질과 가치가 독서운동과 독서환경에 긍정적으로 작용할 때 국민독서율을 높이고 국가의 문화경쟁력을 높일 수 있다.

　세 번째 연구문제는, '출판생태계와 독서생태계의 상호작용을 통한 책문화생태계 모델'로서 삼원론으로 도출한 책문화생태계 구성 요소 분석을 통하여 살펴보았다. 출판생태계와 독서생태계의 상호작용과 선순환을 통하여 책문화생태계가 구현되는데 이를 위해서는, 출판생태계는 '출판 규모경제의 실현과 긍정적 혁신'이라는 핵심 요소가 필요하며, 독서생태계는 '인간다움을 추구하는 독서문화 공기'라는 핵심 요소가 필요하다. 출판생태계와 독서생태계의 연결과 상호작용을 통한 선순환 과정은 책문화의 존재정신이 발현됨으로써 출판산업의 발전과 독서문화 진흥이 실현되며, 건강한 책문화의 가치가 확산되면서 국민의 삶의 질이 향상될 수 있다.

　생태계를 구성하는 여러 주체들이 각자도생하는 것이 아니라 생태계의 존재정신을 공감함으로써 생태계의 건강성과 지속성을 구현할 수 있다. 책문화생태계 상생 모델은 국가의 문화경쟁력을 높이고 국민들의 삶의 질을 높이는 문화적 토대이다. 본 연구가 제시하는 출판생태계, 독서생태계, 그리고 책문화생태계 모델이 책문화를 건강하게 조성하기 위한 담론 형성 및 정책 반영에 논리적 틀로 참고하길 기대한다.

## 출판의 본질은
## 독자를 만드는 것

 코로나19로 우리 사회가 매우 힘겨운 시간을 보냈다. 초등학교부터 대학교까지 모든 학교가 개학을 미루어 신학기에 팔려야 할 책들이 창고에 묶이고 서점으로 가는 발길도 많이 줄어 출판시장이 꽁꽁 얼어붙었다. 우리나라뿐만 아니라 전 세계가 코로나19로 경제성장에 타격이 심해질 거라는 전문가들의 분석들이 잇따랐다.
 문화체육관광부가 2021년 기준 국민독서실태조사를 발표했다. 조사 결과 성인독서율은 지난 조사(2019년)보다 더 떨어졌다. 조사 결과에서 성인들이 독서를 하지 못하는 이유는 책 이외에 소비해야 할 미디어와 콘텐츠가 많기 때문이라고 응답했다. 특히 성인뿐만 아니라 청소년들까지 독서율이 떨어지고 있다는

것은 큰 문제다.

출판의 본질은 독자를 만드는 데 있다. 출판과 독서는 연결과 협력 정책을 지향해야 하며, 정부의 독서정책을 다음과 같이 과감하게 혁신해야 한다.

첫째, 문화체육관광부 출판인쇄독서진흥과에 독서정책을 담당하는 전문가를 두어야 한다. 독서는 행정적 뒷받침도 중요하지만 독서에 대한 전문적인 지식과 경험을 바탕으로 정책을 수립하고 실행해야 한다. 따라서 독서전문가를 개방형 전문직으로 바꾸어 국가의 독서정책의 위상을 높여야 한다.

둘째, 국민독서실태조사 방법을 변화시켜야 한다. 지금까지 중앙정부인 문화체육관광부에서 전국 단위로 국민독서실태조사를 해오고 있는데, 앞으로는 광역별로 독서실태 조사를 하여 비교분석하고 광역별로 독서정책을 추진해야 한다. 각 지역별로 인구도 차이나고 인구특성도 다르고 도서관이나 서점 등 독서에 영향을 미치는 요소들도 다르다. 이러한 환경 변화를 담지 않은 국민독서실태조사를 관행적으로 하지 말자.

셋째, 독서정책에 대하여 새로운 방안을 내놓을 수 있는 전문가 집단을 발굴하고 새롭게 변화시켜야 한다. 이는 첫 번째로 제안한 독서정책 전문가로서 공무원의 역량과도 맞물려 있다. 필자도 독서정책 현장 속에서 느낀 점은, 매번 같은 사람들이 독서정책 자문을 하고 있다는 점이다. 독서정책은 국가의 문화경쟁력, 지식경쟁력과도 연결된다는 점을 생각할 때 독서정책 자문은 출판 및 독서계뿐만 아니라 다양한 분야의 전문가들에게 자문을 받아야 한다. 가령 독서경영을 추진하는 기업의 최고경영자, 과학저술 분야의 뛰어난 과학자들도 포함시킬 필요가 있다.

넷째, 독서정책 전문가를 양성해야 한다. 독서정책을 현장에서 구현할 전문가가 부족하다. 독서전문가 양성을 위한 체계적인 교육시스템을 마련하여 독서전문가들이 지속적으로 독서현장과 소통하는 환경 조성이 필요하다. 특히 독서활동이 상업성이 아닌 독서의 공공성을 추구하는 시스템으로 시민들의 삶 속에서 독서활동이 이루어질 수 있도록 돕는 독서활동가를 양성해야 한다.

다섯째, 독서정책은 독서정책 단독으로 정책 효과를 낼 수 없다. 독서정책은 출판정책, 도서관정책, 그리고 교육정책 등과 협력해야 정책 효과를 낼 수 있다. 그동안 독서정책이 출판정책, 도서관정책, 교육정책 등과 협력해 왔는가. 이러한 협력을 위해서는 출판-도서관-독서정책을 함께 아우르는 하나의 국이 필요하다(필자는 문화체육관광부 조직에서 책문화정책국의 필요성을 강조했다). 독서정책을 담당하는 미디어정책국, 도서관정책을 담당하는 지역문화정책국으로 나누어져 있다 보니, 정책의 협력이 원활하게 이루어지면 문제가 없지만 필자의 경험으로는 쉽지 않다는 점을 발견했다. 따라서 열린 독서정책이 필요하다. 경직

되어 있는 닫힌 정책에서 유연하고 열린 정책으로 확장되어야 한다. 열린 정책으로 확장되기 위해서는 정책담당자의 열린 유연성이 필요하다.

여섯째, 국민독서실태조사와 더불어 독서정보를 제공하는 다양한 매체를 활용하고 있는가를 생각해 볼 필요가 있다. 독서를 알리기 위해서 문체부 독서정책 담당자는 방송사에 홍보를 맡긴다. 방송사에서 독서방송을 하면 얼마나 효과가 있는지 조사를 해보았는가. 독서는 기본적으로 문자 읽기다. 문자 읽기가 먼저 선행되지 않으면 방송으로 독서를 아무리 강조해도 효과가 날 수 없다. 따라서 방송뿐만 아니라 〈출판저널〉과 같은 매체를 통하여 독자들이 책과 연결될 수 있는 다양한 통로를 마련해 줘야 한다.

# 출판진흥기구의
# 존재 이유에 대하여

 한국출판문화산업진흥원(이하 출판진흥원)은 '출판문화산업진흥법'에 근거한 문화체육관광부 산하 공공기관으로서 지난 2012년 7월에 설립되었다. 한 해 예산은 약 500억원 규모이다. '출판문화산업진흥법' 제16조(한국출판문화산업진흥원의 설치 등)에서는 '①출판문화산업의 진흥·발전을 효율적으로 지원하기 위하여 한국출판문화산업진흥원을 둔다.'고 밝히고 있다.
 출판진흥원은 출판산업과 독서문화 확산 등 책문화를 진흥하기 위한 공공기관으로 역할을 해야 한다. 이를 위해 출판진흥원은 공공기관으로서 공적인 업무 수행과 객관적이고 투명성을 위해 이사회를 두고 있다. '출판문화산업진흥법' 제16조의 3(진흥원의 임원)에서는 '①진흥원에는 원장 1명을 포함한 9명 이내

의 이사와 감사 1명을 두고, 원장을 제외한 이사 및 감사는 비상임으로 하며, 원장은 이사회의 의장이 된다. ②원장은 문화체육관광부장관이 임면任免한다. ③원장의 임기는 3년으로 한다. ④원장은 진흥원을 대표하고, 진흥원의 업무를 총괄한다. ⑤원장이 부득이한 사유로 직무를 수행할 수 없을 때에는 정관으로 정하는 순서에 따라 이사가 그 직무를 대행한다. ⑥「국가공무원법」 제33조 각 호의 어느 하나에 해당하는 사람은 제1항에 따른 진흥원의 임원이 될 수 없다.'라고 명시되어 있다. 이처럼 한국출판진흥원은 비상임이사 제도를 통해 진흥원의 예산, 법적 기구로서 공무수행과 관련하여 의사결정을 하고 있다.

출판진흥원은 지난 2020년 10월에 비상임이사 임원 채용 공고(4명의 이사와 1명의 감사)를 냈고, 출판진흥원이 구성한 임원추천위원회를 통해 임원들이 채용되었다. 출판진흥원 홈페이지 경영공시에 찾아 들어가 보니, 2020년 12월 29일 출판진흥원 홈페이지 임원 변동 상황에 채용된 임원 현황이 올라와 있다. 임원 4명은 특정 출판단체 임원 3명과 대학교수 1명이었다.

출판진흥원은 문체부 산하 공공기관으로서 책을 생산하고 공급하는 출판사 입장뿐만 아니라 유통(서점), 독서진흥, 도서관, 출판학 등 다양한 생태계 주체들이 의사결정에 참여함으로써 출판산업진흥을 도모해야 하는 공공기관이다. 그러나 대한출판문화협회 소속 임원 3명, 한국출판인회의 소속 임원 3명 등 특정 출판이익단체 중심으로 출판진흥원 이사회의 과반수 차지한다. 독서, 서점, 도서관, 인쇄, 출판학 등은 배제됐다. 이러한 특정한 출판단체 중심의 임원 구성은 공공기관으로서 공공성이 담보된 의사결정보다는 특정 이익단체 중심으로 의사결정이 치우칠 가능성이 크다.

특히, 출판진흥원 이사회 구성을 보니 임원 10명 중 여성 임원은 단 2명뿐이다. '문화예술진흥법'의 '여성위원의 비율이 100분의 30 이상일 것'과, '양성평등기본법'의 '특정 성별이 10분의 6을 초과하지 않도록 해야 한다'라는 법을 따르지 않았다. 문화체육관광부에 양성평등정책담당관이 있고 성평등정책위원회가 있음에도 지켜지지 않고 있다. 2019년 한국문화예술위원회 위원 선임 절차 시 여성이 단 한 명도 없어 신임 위원 선임 절차가 중단되기도 했다. 문화체육관광부는 산하 공공기관이 성평등 정책을 제대로 실현하고 있는지 관심을 갖고 시정하도록 해야 할 것이다.

문화체육관광부는 출판진흥원 임원 구성에 대해서 "출판진흥원 임원 구성은 출판진흥원에서 임원추천위원회를 구성하여 위원들이 평가를 하여 결정된 것"이라고 밝혔다.

문화체육관광부 산하 공공기관인 한국출판문화산업진흥원의 이사회가 특정 이익단체가 독점하고 있다는 것은 무엇을 의미할까? 서점, 독서, 출판학 관계자 등 이사진 구성의 다양성이 왜 실종됐을까?

　출판산업 진흥은 출판으로서만 존재하지 못한다. 저자, 독자, 서점, 도서관, 학계 등 다양한 주체들의 연결과 협력으로 가능하다. 건강한 책문화생태계의 조건은 다양성이다. 바다에 고래만 살 수 없고, 육지에 사자만 살 수 없다. 이건 생태계가 아닌 것이다. 앞으로 출판진흥원 이사회 구성에 앞서 출판진흥원의 존재 의미를 먼저 짚어 봐야 할 것이다.

　문화행정이 업계의 다양성을 존중하고 차별과 배제가 일어나지 않도록 정부는 관심을 가지고 개선해 나가야 하며, 현장의 다양한 목소리에 경청하는 문화가 필요하다.

# 출판 불황과
# 독서문화 위기는
# 같은 문제

서울에는 '독서당로讀書堂路'라는 길 이름이 있다. 독서당로는 용산구 한남동 한남역 교차로에서 성동구 행당동 응봉사거리까지 이어지는 길로 총거리는 약 4.2km이다. 독서당讀書堂은 세종에서 영조까지 약 340년간 존속했던 기관으로 독서당이 갖는 의미는 왕이 국정 운영을 위한 철학으로 독서를 중요시했다는 점이다. 성삼문, 정철 등 조선시대 우수한 관료들이 독서당에서 책을 읽고 책을 집필하여 당시의 지식문화 발전에 기여했을 뿐만 아니라 독서당은 좋은 책들이 모이는 도서관의 기능을 했던 공간적 특징을 갖고 있다. 대표적인 독서당인 동호독서당은 임진왜란으로 흔적이 사라졌고 표석만 남아 있다.

이렇게 독서에 대한 국정철학이 담긴 의미 있는 전통문화가 있음에도 길 이름으로만 남아 있을 뿐 독서당의 현대적 계승이 이루어지지 않고 있다. 그런 점에서 우리 문화정책의 한계를 생각해 보면서 정부의 국정철학과 도서관 정책의 기조를 생각하게 된다.

2022년 7월 5일 윤석열정부 대통령실은 브리핑을 통해 정부 및 대통령 소속 위원회를 최대 70%까지 폐지하겠다고 밝혔는데, 「도서관법」의 근거로 설립된 대통령 소속 위원회인 국가도서관위원회도 그 대상이 됐다. 대통령실에 따르면 국가도서관위원회는 대통령 소속 지위를 유지할 필요가 없다고 밝혔고, 문체부 소관 위원회로 조정 대상이라고 전했다. 올해 4월 제7기 국가도서관위원회 임기 종료 이후 몇 개월째 8기 위원회 구성조차 하지 않고 있어 국가의 도서관 정책의 콘트롤타워 역할이 실종되었다. 국가도서관위원회는 국가의 문화적 공공 기반인 도서관 설치, 도서관을 통하여 국민의 문화적 삶의 질을 높이고 문화적 경쟁력을 갖춘다는 점에서 다른 위원회들과 그 성격이 매우 다르다.

독자가 책을 만날 수 있는 대표적인 독서환경은 도서관과 서점, 그리고 미디어인데, 독서환경으로서 도서관은 지역사회의 커뮤니티 공간으로 확장되면서 독서에 대한 문화적 서비스를 제공해주는 공적 기관이다. 도서관은 출판과 독서를 연결해주는 역할을 한다. 도서관은 독서환경을 구성하는 중요한 요소이면서, 저술과 출판에도 상호 영향을 주고받는 출판생태계와도 밀접하게 연관되어 있다. 도서관은 국가적·지역적·문화적 공공 플랫폼으로서 독서활동뿐만 아니라 다양한 문화프로그램을 향유할 수 있는 공간이며, 지역사회의 다양한 활동의 중심이 되는 커뮤니티 공간으로 지속적으로 성장해야 하는 과제를 요청받고 있다.

책문화생태계의 유기적 연결 속에서 도서관은 어떤 역할을 해야 할까? 저술-출판-독서로 이어지는 책문화생태계의 유기적인 연결 속에서의 도서관 위치는 어디일까. '책문화'는 저술, 출판, 번역, 인쇄, 도서관, 서점, 독서 등 책 콘텐츠가 생산되어 소비되기까지 모든 영역을 포괄하는 개념이다. 그동안 각 영역마다 개별적으로 정책이 마련되고 수행되었는데, 이제는 이러한 정책들이 개별적인 정책이 아니라 연결되고 통합됨으로써 정책의 효과와 성과를 높이는 핵심이다. 공급자 중심의 문화정책에서 책문화 수요자 정책으로 변화함으로써 책문화생태계의 활성화를 기대할 수 있다.

# 책문화의 존재정신과
# 생태주의 철학

　책문화생태계를 연구하고 박사학위 논문 주제로 연결된 배경은 한국의 문화정책과 출판업계의 철학적 빈곤과 한계 때문이다. 다시 말해 철학이 부재한 문화정책은 이를 견인하는 힘이 제대로 작동하지 못한다. 철학은 곧 시대정신이며 사상인데 지금 시대적으로 요구받고 있는 책문화 철학은 무엇인가? 질문 없는 정책은 해답을 찾을 수도 없고 정책이 세워진다고 한들 성공할 수 없다. 필자의 연구 주제는 이러한 문제의식으로 책문화의 존재정신을 찾아가는 과정이었다.

　그동안 출판산업을 발전시키고자 하는 출판생태계 논의와 독서를 진흥시키고자 하는 독서생태계에 대한 논의가 있었지만, 출판과 독서를 통합적으로 분석하고 다양한 구성 요소의 역할과 관계성 등 생태계적 접근 방식은 부족하였다. 출판생태계 및 독서생태계에 대한 철학적 담론과 생태계를 이끌어가는 주체들에 대한 분석과 관계성, 그리고 생태계의 건강성과 지속가능에 대한 깊이 있는 성찰이 필요하다. 독서정책이나 다양한 독서 캠페인들이 출판산업을 발전시키는 방안이기도 하지만 일방적인 도구로 전락해버리거나, 출판생태계의 하위 개념으로서 독서생태계를 논의하는 것을 방지해야 한다. 출판생태계와 독서생태계가 상호관계성을 맺게 될 때 생태계의 확장성을 기대할 수 있다.

출판과 독서는 하나로 연결되어 있으며 개인과 사회, 나아가 국가의 문화 및 다양한 분야가 성장할 수 있도록 긍정적인 영향을 주어야 한다. 좋은 책을 생산하는 출판산업과 좋은 책을 읽을 수 있는 독서문화의 상생이 필요한 이유이다. 그러나 건강한 독서환경이 충분히 만들어지지 않은 현실에서 출판시장의 경쟁은 날로 치열해지고 있다. 그 해결책을 찾기 위해서는 출판과 독서의 문제를 다르게 볼 것이 아니라 하나의 문제, 즉 국가의 문화적인 위기로 보아야 한다.

책문화의 위기 시대에서 문자를 만들고 생각을 기록하고 시대적 사상을 전파하고 계승하는 출판과 독서의 본질이 무엇인가를 되새겨 볼 필요성이 있다. 책문화의 위기는 국가적으로도 문화경쟁력에도 악영향을 미치며, 저자, 출판사 등 출판 주체들의 생존 문제와도 연결된다. 이러한 책문화의 위기는 국민의 삶의 질에도 영향을 미칠 수밖에 없다.

책문화를 구성하는 주요 핵심 주체는 책을 쓰는 저자, 책을 생산하는 출판사, 그리고 책을 읽는 독자이다. 출판사는 책을 만들어 팔고 독자는 책을 읽고 소비한다. 저자-출판사-독자를 연결해주는 서점과 도서관의 존재와 역할도 중요하다. 이들은 서로 상호작용을 하면서 다양한 영향을 주고받는다. 핵심 주체를 둘러싼 책생태계가 존재하는데, 유통·서점, 도서관 환경, 책축제, 독서커뮤니티, 플랫폼 환경 등이다.

책생태계를 둘러싼 책문화생태계가 존재한다. 여기에는 정치적 환경, 사회적 환경, 정부기관 및 정책, 교육환경, 연구기관, 대학, 미디어, 관련 단체, 국제관계 등이 포함된다.

따라서 출판 불황과 독서문화 위기를 개별적 사안으로 보지 않고 하나의 문제로 보는 것이 중요하며, 출판산업과 독서문화가 직면한 과제를 총체적이고 종합적이며 융합적인 시각으로 들여다보기 위해서는 새로운 관점, 즉 생태주의 관점이 필요하다. 생태주의 관점은 4차 산업혁명 등 환경 변화 속에서 출판과 독서가 다른 문제가 아닌 하나의 문제로 인식하고 출판과 독서를 총체적이고 통합적인 시각으로 보는 것이다.

# 지역의 책문화생태계 조성

〈출판저널〉에 종사하면서 출판사, 도서관, 서점, 독자 등 현장에서 우리 출판문화가 나가야 할 길에 대하여 모색해 보고 통합적인 시각에서 출판계를 들여다보는 훈련이 자연스럽게 되었다. 저술, 출판, 서점, 도서관, 유통, 독자, 정부, 학교 등 이러한 영역들이 분리되지 않고 서로 연결되어 상호작용하면서 궁극적으로 국가의 책문화를 발전시켜 나가야 한다.

따라서 이러한 책문화생태계의 건강한 선순환 구조를 위한 정책을 마련하고 실질적인 구현이 필요하다. 〈출판저널〉에서 2017년 9월호부터 특집좌담으로 '책문화생태계 모색과 대안'이라는 큰 주제로 기획시리즈를 진행하면서 책문화생태계라는 거대한 숲을 어떻게 건강하게 조성할 것인가에 천착해 왔다.

필자가 박사학위 논문에서도 정리했듯이 '책문화생태계란 책이라는 유형 및 무형콘텐츠가 다양하게 기획·창작되고 독자인 소비자에 이르기까지 출판생태계-유통생태계-소비생태계-독서생태계의 가치사슬 네트워크와 정책과 기술적 환경들이 상호작용함으로써 출판생태계에서부터 독서생태계까지 선순환하는 체계'이다.

그동안 출판산업을 생산자(공급자) 입장에서 출판을 바라보았다면, 이제는 소비자(독자) 입장에서 출판의 새로운 역할을 찾아야 하는 시대적인 요구 앞에 서있다. 또한 중앙집권적인 출판정책에서, 지역출판의 균형 발전을 위한 정책이 추진되어야 한다. 지역의 역사와 문화를 아카이브 할 수 있는 가장 기초적인 과정이 출판의 과정이다. 때문에 지역의 문화와 역사를 기록하고 아카이브 할 수 있는 지역출판 정책과 실현이 필요하다. 문화체육관광부는 지역정책국을 신설하여 지역에 대한 관심을 보여주고 있으며 문화체육관광부 산하의 생활문화진흥원이 지역문화진흥원으로 명칭을 바꾸어 지역에 대한 키워드에 방점을 찍었다.

출판사의 관심사는 독자가 누구인지, 또한 독자가 어디에 있는지, 즉 '독자 찾기'이다. 개별 출판사들이 적극적인 마케팅을 통하여 독자를 찾고 시장을 만들어 냄으로써 산업을 발전시킨다. 시장 판매 정보와 독자의 니즈를 분석하여 데이터베이스화해 놓으면 그 데이터를 바탕으로 출판기획을 할 수 있고 책과 독자들의 니즈를 연결해주는 시스템이 가능해진다. 출판과 독서는 톱니바퀴처럼 상호작용을 하면서 발전해 나가야 한다. 결국 출판-유통-소비가 선순환이 되는 건강한 책문화생태계 조성이 필요하다.

특히 지역의 책문화는 거대한 책문화생태계를 위한 매우 중요한 핵심 요소이다. 작은숲들이 모여서 큰숲을 이루듯이 지역의 출판사-도서관-서점의 책문화생태계 네트워크가 필요하고, 또한 다른 지역들의 책문화생태계와 연결되어 서로 영향을 주고받는 책문화생태계 시스템이 가능해진다.

이때 중앙정부는 책문화생태계를 위한 큰그림인 비전을 세우고 지방정부는 각 지역의 특성에 맞는 책문화생태계를 만들어 추진하면 된다. 특히 지역의 도서관은 책문화생태계를 위한 중요한 환경이다. 정부의 도서관을 담당하는 부처가 '지역정책관'인데, 각 지역에 흩어져 있는 도서관들은 이미 책문화생태계에서 가장 중요한 환경으로 작용하고 있다. 도서관은 우선 공간을 가지고 있으며 책이 있고 사람을 모으는 다양한 프로그램이 있고 인적 네트워크가 이미 조성되어 있다. 현재 각 지역별로 추진하고 있는 독서관련 행사들은 지역의 도서관이 중심이 되어 실행되고 있는 것을 볼 때 도서관은 지역의 건강한 책문화생태계를 위한 핵심 요소이다. 따라서 정부는 지역의 책문화생태계가 더 건강하고 활발하게 작동할 수 있도록 사서 등 인력을 충분히 배치해야 한다.

지역의 도서관을 중심으로 출판-서점-독서동아리-학교까지 연결하여 책을 읽고 생산하고 즐기는 책문화생태계를 조성하면 된다. 우리나라는 광역마다 '대표도서관' 제도를 두고 있기 때문에 대표도서관을 중심으로 책문화조례를 만들어서 실현시키고, 지역의 시의원과 구의원들은 지역의 책문화를 위한 정책을 수립하고 실행하는 것으로 평가를 받아야 한다.

# 출판과 독서를 연결하는 도서관

# 지역의 커뮤니티센터 도서관의 역할

건강한 책문화는 출판, 독서, 도서관의 유기적인 연계와 협력 속에서 구현된다. 출판산업의 성장을 위해서는 책을 즐겨 읽는 독자들이 늘어나야 하며, 독서문화 진흥을 위해서는 양서를 공급해 주는 출판의 시대적 사명도 중요하다. 특히 출판과 독서를 이어 주는 도서관은 시민들의 독서활동뿐만 아니라 문화적 활동을 경험하는 공공 문화복지 플랫폼으로 발전시켜 나가야 하는 과제가 있다.

독서가 생소한 이벤트가 아니라 우리들의 일상이 되고 삶을 풍요롭게 하며 개인의 독서활동이 공동체의 가치를 발현시키는 사회적 독서로 나아가려면 무엇보다 도서관의 역할이 더 중요해진다. 도서관의 발전은 출판산업 성장, 독서문화 진흥, 그리고 지역민들의 문화 향유 및 국가의 문화 경쟁력에도 영향을 미치기 때문에 중앙정부뿐만 아니라 지방정부에서도 도서관을 핵심 정책 의제로 확장해 나갈 필요성이 있다.

우리나라는 1994년 '도서관 및 독서진흥법' 제정 이후 2007년 도서관법과 독서문화진흥법으로 분법됐다. 도서관법에 따라 5년마다 도서관발전종합계획이 시행되고 있으며, 대통령 소속으로 국가도서관위원회라는 의미 있는 기구도 설치했다. 2008년에 조직이 축소됐지만 문화체육관광부 등 정부의 관심으로 2018년 9월에 국가도서관위원회 사무국이 국립중앙도서관 본관 7층에 설치되면서 위상을 되찾았다. 그러나 국가도서관위원회는 다시 위기에 직면했다.

지역의 커뮤니티 센터로 성장하고 있는 도서관이 다양한 공공 문화서비스를 시민들에게 제공하기 위해서는 해결해야 하는 과제들이 있다. 시민들은 도서관이 나의 일상적인 공간이 될 수 있기를 희망한다. 도서관이 시민들에게 제대로 된 서비스를 할 수 있으려면 사서 확보 및 사서의 근무 환경 개선, 장서 등 독서자료를 확보할 수 있는 예산 증액, 다양한 커뮤니티 활동을 할 수 있는 공간 조성 등이 필요하다.

2023년까지 5년 동안 시행되는 제3차 도서관발전종합계획은 사람에 대한 포용성, 공간의 혁신성, 정보의 민주성이라는 핵심 가치 아래 우리의 삶을 바꾸는 도서관이라는 비전을 목표로 두고 있다. 도서관 정책의 핵심 가치와 비전이 전국 각 지역으로 스며들어 도서관 문화가 균형발전하기 위해서는 우리나라 도서관 정책을 총괄하는 국가도서관위원회의 위상 정립과 도서관 정책이 지속적으로 추진될 수 있는 정책의 연속성이 가장 중요하다.

정책의 연속성은 외적 환경에 정책의 방향과 과정이 흔들리지 않음으로써 가능하다. 또한 도서관과 밀접한 관련이 있는 출판 정책, 독서 정책과의 협력은 국민에게 풍요로운 삶의 질을 제공할 뿐만 아니라 국가의 문화 경쟁력을 높이는 매우 중요한 핵심 동력이다. 책문화생태계를 구성하는 다양한 주체들이 연대하고 협력함으로써 책문화의 건강한 토양과 공기를 함께 만들어 나가야 한다.

# 출판과 독서를
# 연결하는
# 도서관이 되려면

우리에게 도서관은 어떤 곳일까? 출판과 독서의 연결, 도서관 정책의 흐름과 방향은 책문화생태계 관점에서 논의해야 한다. 우리나라 공공도서관 수는 매년마다 지속적으로 성장하고 있는 추세이다. 대통령 소속 국가도서관위원회의 자료에 따르면, 2020년 기준 우리나라 공공도서관 수는 1만172개관(지자체 도서관 914개관, 교육청 도서관 235개관, 사립도서관 23개관)으로 전년 대비 3.4% 증가했다. 2020년 1관당 인구수는 4만4223명으로 전년 대비 3.3% 감소했다.

평균소장도서 수는 10만1234권, 평균증가도서수는 6,781권, 평균대출도서수는 10만535권이다. 소장도서는 전년 대비 0.33% 하락, 도서증가량은 전년 대비 3.43% 하락, 도서구입비는 전년 대비 2.02% 하락했다. 대출권수는 전년 대비 14.85% 하락, 운영비는 전년 대비 8% 상승, 이용자수는 전년 대비 5.81% 하락했다.

작은도서관은 2021년 기준 6474개관, 2020년 기준 장애인 도서관은 32개관, 교정시설도서관은 2020년 기준 52개관, 전문도서관은 2020년 기준 54개관, 대학도서관은 2020년 기준 459개관, 학교도서관은 2021년 기준 1만1787개관이다.

우리나라는 1906년 대한도서관 건립을 추진하였고, 근대적인 개념의 공공도서관이 건립되기 시작한 시기는 1900년대 초이며, 1963년 「도서관법」이 처음으로 제정되면서 공공도서관의 양적 발전의 계기가 되었다. 1990년에 정부 행정조직으로 문화부가 처음 신설되고 1991년 문화부로 도서관 정책이 일부 이관되면서 도서관이 교육기관에서 문화기관으로 인정받기 시작했다. 그러나 모든 공공도서관이 문화체육관광부로 행정체계가 이관되지 않아 교육청 소속의 공공도서관들이 공존하고 있는 상태이고, 대국민 도서관 문화 서비스를 위해서 공공도서관 행정체계를 정책 고객 중심으로 개선해야 한다는 과제도 있다.

1994년 제정·공포된 「도서관및독서진흥법」은 그동안 8차례나 부분 개정·적용되다가 2006년 전부 개정된 「도서관법」이 2007년 4월 5일자로 발효되었다. 「도서관및독서진흥법」에서 「도서관법」과 「독서문화진흥법」으로 분법되었는데, 「도서관법」으로 도서관 정책의 최고기구인 대통령 소속 국가도서관위원회의 설치와 5년마다 수립되는 도서관발전종합계획에 관한 내용이다. 도서관 정책에 대한 정책개발, 평가 기능을 담당할 도서관정책 자문기구로서의 국가도서관위원회는 도서관계의 오랜 숙원 과제였다. 1989년 도서관발전위원회(문교부)를 시작으로 1994년 도서관및독서진흥위원회(문화부, 2000년 폐지), 2002년 국가도서관정책자문위원회(문화관광부) 등으로 이어져 왔는데, 보다 강력한 정책기구로서 대통령 소속 위원회라는 성과를 얻어냈다.

2007년에 제1기 국가도서관위원회가 구성되었으나 2008년 이명박정부가 새로 들어서면서 설립 6개월 만에 조직이 축소되고 위상이 약화되었고, 문재인정부 2018년부터 사무국 설치 등 대통령 소속 위원회로서 역할을 회복하는 과정이다. 2022년 12월 「도서관법」 개정에 따라 도서관정보정책위원회의 명칭을 국가도서관위원회로 변경하여 도서관문화의 발전을 도모했다. 그러나 윤석열 정부가 들어서면서 대통령 소속 위원회 정비 방침으로 국가의 도서관 정책을 총괄하는 대통령 소속의 법정 기구가 폐지 위기에 놓였다.

문화체육관광부가 도서관정책을 담당하는 주무 부처이지만 도서관은 문체부뿐만 아니라 교육부, 행안부, 기재부, 국토부 등 타 부처와의 협력적 관계가 절실히 필요하다. 「도서관법」에 따라 기획재정부장관, 교육부장관, 과학기술정보통신부장관, 법무부장관, 국방부장관, 행정안전부장관, 문화체육관광부장관, 산업통상자원부장관, 보건복지부장관, 여성가족부장관, 국토교통부장관이 당연직 위원이다. 국가도서관위원회가 문체부 소관 위원회로 낮아지면 타 부처와의 협력이 제대로 이루어지지 못할 가능성도 크다.

2022년 7월 15일 전국 2만2415개 도서관(국립도서관·공공도서관·작은도서관·대학도서관·학교도서관·전문도서관·교도소도서관·병영도서관·장애인도서관)을 대표하는 전문 단체인 한국도서관협회는 성명서를 내고 윤석열 정부의 대통령 소속 국가도서관위원회 축소에 강력히 반발했다. 한국도서관협회는 성명서를 통해 "역대 정부들은 출범할 때마다, 대통령 소속 위원회를 비롯한 부처 소속의 각종 위원회를 정비한다는 명목으로 국가도서관위원회의 존폐를 언급한 것은 실로 안타까운 일"이라며 목소리를 높였다.

국가도서관위원회가 실질적으로 활동하여 성과를 이루어내기 위해서는 국가적 차원에서 대통령이 직접 도서관 정책에 관심을 가져야 하는 것이 우선이며, 관종별 도서관계 전문가들의 다양성, 현장 지향성, 책문화생태계 관점에서의 다양한 주체들의 거버넌스 및 지속적인 도서관 발전을 위한 연구 정책이 필요하다.

「도서관법」 제13조에 근거하여 수립되고 있는 도서관발전종합계획은 5년마다 수립되는 도서관 정책으로서 제1차(2009-

2013년), 제2차(2014-2018년)까지 시행되었고, 제3차(2019-2023년) 도서관발전종합계획이 시행 중이다. 도서관발전종합계획에 따라 우리나라 공공도서관 시설을 늘려나가고 도서관 이용자들을 위하여 자료 확충 및 공공서비스 정책을 시행한다.

 도서관 정책은 출판정책뿐만 아니라 독서정책과 긴밀하게 연결되어 있기 때문에 출판-도서관-독서의 선순환 흐름이 가능해지도록 세심한 정책 조율이 필요하다. 제1차-제3차 도서관발전종합계획의 주요 내용을 보면 제3차 도서관발전종합계획에 '도서관 협력체계 강화' 과제를 명시하고 있으며, 책문화생태계 관점에서 도서관계-출판계-독서계의 협력체계를 위한 추진 조직 및 구체적인 실행이 요구된다.

 도서관 정책은 출판(생산)-도서관(문화플랫폼)-독서(소비)라는 흐름을 볼 때 하나의 국 체제로 정비해야 한다. 현재 문화체육관광부 내에 도서관 정책은 지역문화정책관의 '도서관정보정책기획단'에서 담당하고, 출판과 독서는 미디어정책국의 '출판인쇄독서진흥과'에서 담당한다. 즉 출판정책-도서관정책-독서정책의 순환 흐름이 연결되고 시너지를 높이기 위해서는 출판정책-도서관정책-독서정책을 총괄하는 하나의 통합된 부서가 필요하다. 나아가 국정철학으로서 책문화가 구체적으로 국민의 삶의 질로 구현되기 위해서는 행정조직을 별도로 두어, 출판, 도서관, 독서정책을 총괄하는 기관이 필요하다.

# 지방자치 시대의 도서관 정책

도서관은 국민의 문화적 활동 기반인 기초적인 시설로서 공공 인프라이다. 도서관은 민주주의의 정착화, 지방자치제도의 실시, 경제적 안정, 시민 수준의 향상 등으로 사회 전체의 의식 수준이 높아질 때 성장의 기틀을 마련하게 된다.

사회적으로 도서관의 역할이 중요해짐에 따라서 사서의 역할은 시민들이 삶 속에서 다양하고 깊이 있는 지식정보를 접하게 만들고 지역사회가 성장하도록 돕는 지역커뮤니티의 중심으로 주체적인 역할로 변화할 것을 요청받고 있다. 도서관은 지역의 출판-서점-독서활동의 문화적 플랫폼, 지역의 어린이집, 초·중·고등학교, 대학교, 박물관, 미술관, 시민단체, 기업 등 다양한 주체들과 연결하고 협력하는 확장성이 요구된다.

중앙집권적 도서관 정책의 시대를 벗어나 지방자치가 주도하는 도서관 정책이 필요한 시점에서 도서관 정책 방향은 다음과 같다.

첫째, 광역·기초 등 지방자치단체장의 도서관 정책에 대한 관심과 철학이 중요하다. 지역의 문화적 공공인프라에 대한 예산, 인력, 정책 등 도서관문화가 지속적으로 발전할 수 있도록 리더의 철학과 리더십이 우선되어야 한다.

둘째, 지방분권과 협치의 관점에서 지역사회의 플랫폼으로서의 도서관 정책 수립과 운영이 필요하다. 도서관은 시민들의 삶과 연결된 자연스럽고 일상적인 개방 공간이어야 한다. 시민 역량 강화, 모든 시민들이 차별받지 않고 도서관을 이용함으로써 개개인의 능력개발뿐만 아니라 시민성을 갖출 수 있는 다양한 문화콘텐츠를 접할 수 있는 공간이 되어야 한다. 지방분권과 협치의 관점에서 도서관은 지역사회의 플랫폼이다. 도서관은 독서활동뿐만 아니라 지역민의 취업 활동 지원, 학술 연구 지원, 문화 활동 지원 등 다양하다. 유·아동부터 노인들까지 계층별, 직업별 등으로 도서관 이용자들을 구체적으로 세분화하여 다양한 프로그램을 마련하고, 도서관은 지역의 시민들과 협력 네트워크를 통하여 발전할 수 있다.

셋째, 광역별 대표도서관의 정책과 역할이다. 대표도서관은 중앙집중적인 도서관 정책과 관종별로 분산된 도서관서비스를 시·도 지역단위로 조정·통합하여 운영하다. 대표도서관의 주요 역할은 크게 '정책 기능'과 지역의 다양한 대외 도서관들과의 '협력 기능'이다. 대표도서관은 도서관 발전을 위한 방향을 설정하고 정책을 수립하는 정책 업무, 공공도서관, 작은도서관 등 대외 도서관과의 상호 협력, 지역의 발전을 도모하기 위한 핵심적 역할 수행 등이다. 따라서 대표도서관이 정책기능과 협력 기능을 제대로 발휘하고 도서관 문화가 발전할 수 있는 정책 환경 조성이 필요한데, 대표도서관을 중심으로 하는 도서관 정책의 연결과 협력 시스템을 구축하고 운영해야 한다.

넷째, 도서관 운영의 기본이 되는 전문사서 배치와 수서예산 확보 등 제대로 된 도서관 기능을 갖추어야 한다. 독서환경에 긍정적인 영향을 주는 생태계 조성이 필요하다. 도서관 정책은 도서관의 필수요소인 장서, 사서, 공간이라는 가장 기본적인 요소를 잘 지키고 대표도서관-공공도서관-작은도서관으로 연결되는 도서관 네트워크를 조성함으로써 문화적 생태계를 건강하게 만들어가는 구심점이 되어야 한다.

다섯째, 도서관은 지역의 지식문화 활동 및 책문화생태계를 구현하는 주체이다. 도서관은 책을 저술하고 책을 만들고 책을 읽는 연결과 상생의 흐름 속에서 책문화생태계의 지속가능성을 구현하는 중요한 기관이다. 도서관의 존재로 지역의 문화가 활성화되고 도서관을 경험하기 위하여 지역주민뿐만 아니라 관광자원으로까지 확장시킬 수 있는 문화적 가치와 경제적 가치 창출의 가능성까지 기대해 볼 수 있다.

　도서관은 시대적 변화를 적극적으로 주도하고 다양한 협력을 통해 실질적이고 역동성 있는 도서관 정책 환경을 구현해야 하는데 통합적 시각인 책문화생태계 관점에서 논의되어야 한다. 도서관은 모든 사람들이 차별받지 않고 문화적 공공서비스를 향유하는 문화민주주의를 실현하는 곳이다.

# 문화민주주의를 위한
# 도서관 철학과
# 리더십

영화 〈투모로우〉에서 인상적인 장면이 있다. 영화는 지구 온난화로 지구 전체가 빙하로 뒤덮이는 재앙이 닥친다는 스토리인데, 주인공들이 강추위를 피해 대피한 곳은 바로 도서관이었다. 실제 영화 속의 도서관은 뉴욕공공도서관이다. 도서관에서 주인공들은 책으로 불을 지펴 추위를 녹이고 도서관에 소장된 의학 도서를 찾아 읽고 여자 주인공의 생명을 구한다.

도서관은 위기 속에서 사람들을 안전하게 지켜주고 희망을 주는 생명의 공간이라는 점을 다시 한 번 깨닫게 해준다. 우리 지역의 도서관은 어떤가? 일상 가까이에 도서관이 내 삶을 풍요롭게 해주고 있는지 질문을 던져 보자.

지역문화 정책과 지방분권이 강조되면서 광역·기초의 문화

정책 수립과 실행이 더 중요해지고 있다. 특히 '도서관법'에 따라 광역별로 대표도서관을 설치하게끔 되어 있다. 대표도서관의 역할은 크게 광역 단위의 도서관 정책을 수립 및 시행을 총괄하는 정책 기능과, 분산되어 있는 공공도서관·작은도서관 등 관종별 도서관의 연결을 통해 지역민들에게 도서관 서비스를 제공하는 협력 기능이다.

일례로 서울특별시 대표도서관은 서울도서관으로 서울시청 구청사를 리모델링하여 2012년 10월 26일에 개관했다. 경기도 대표도서관인 경기도서관은 광교 경기도청 신청사 옆에 마련된 부지에 2022년 9월 30일 착공식을 했다.

경기도서관이 지역사회의 플랫폼으로 문화콘텐츠를 제공하는 역할도 있지만 정책과 협력 기능이 가능한 비전과 철학이 선행되어야 한다. 경기도가 서울시 보다 인구가 부쩍 늘어나고 있는 과정에서 민생을 돌보는 경제정책과 더불어 도민의 삶의 질을 향상시키는 문화정책의 양립도 과제라고 본다.

2022년 7월 1일 민선 8기 김동연 경기지사가 취임했다. 1,400만 도민의 삶을 책임져야 하는 막중한 자리다. 다만 경기도지사인수위원회에서 문화예술이 부각되지 않고 도서관 정책이 논의되지 않아 아쉬웠다. 도서관 정책이 평생교육정책에서 머물지 않고 문화정책으로 확장되는 조직 혁신과 공공 인프라인 도서관을 중심으로 모두를 위한 문화예술 정책이 구현되어야 한다.

　윤석열 정부가 '도서관법' 근거로 설치한 대통령소속 국가도서관위원회를 무력화하는 등 도서관 철학이 부재한 상황에서, 경기도가 국내 도서관 문화정책의 바람직한 리더십을 보여주길 희망한다. 이를 위해서는 도지사 직속으로 대표도서관 추진단을 두고 경기도서관 건립, 예산, 인력, 정책 등을 꼼꼼히 챙겨야 한다. 경기도 31개 시·군의 균형적인 정보복지와 문화민주주의를 구현할 수 있는 김동연 지사의 도서관 정책의 철학과 리더십을 기대한다.

# 국가도서관위원회 기능 상실과 도서관의 미래

지난 제6기(2018.4-2020.4) 대통령 소속 국가도서관위원회 위원을 지낸 바 있다. 도서관은 책을 쓰고 책을 만들고 책을 읽는 연결과 상생의 흐름 속에서 생태계적 관점을 갖고 국가의 책문화생태계의 지속가능성을 구현하는 중요한 기관이다. 책문화생태계를 연구하고 있는 입장에서 문화정책은 무엇보다 국가의 철학, 대통령의 철학, 리더의 철학이 우선되어야 한다는 점을 강조하고 싶다. 문화정책으로서 도서관 정책도 대통령의 관심과 리더십이 필요한 분야이다.

윤석열 정부가 들어서고 대통령 소속 국가도서관위원회 폐지 위기에 도서관계가 술렁이고 있다. 대통령 소속 위원회 폐지 및 개편 대상에 국가도서관위원회가 포함됐기 때문이다. 지난 7월

5일 윤석열 정부 대통령실은 브리핑을 통해 대통령 소속 위원회를 최대 70%까지 폐지하겠다며, 대통령(20개)·국무총리(60개)·부처(549개) 소속 위원회 총 629개의 정비 계획을 밝혔다. 전 부처 기준 위원회를 30~50%를 줄이고 대통령 소속 위원회를 60~70% 가까이 줄이겠다는 방침이다.

〈도서관법〉에 따라 대통령 소속 위원회인 국가도서관위원회도 폐지 위기에 놓여 있다. 대통령실에 따르면 국가도서관위원회도 대통령 소속 지위를 유지할 필요가 없다고 밝혔기 때문이다. 이에 따라 국민의 문화적 공공 인프라인 도서관 정책의 콘트롤타워 역할을 하는 국가도서관위원회의 미래가 불투명해졌다. 제7기 국가도서관위원회의 임기가 종료되었지만 8기 위원회를 구성하지 않고 있어 공공도서관 등 국가의 도서관 정책을 수립하고 심의하는 구심점이 표류하고 있다. 도서관 정책은 문화적 공공기반을 마련하여 국민의 문화적 삶의 질을 높이고 국가의 문화경쟁력을 높인다는 점에서 다른 위원회들과 그 성격이 매우 다르다.

대통령 소속 국가도서관위원회는 2006년 〈도서관법〉 전면 개정에 따라 문화선진국을 향한 국가전략으로 2007년 처음 설치한 기구이다. 문화 관련 대통령 소속 위원회로는 국가도서관위원회가 유일하다. 그러나 정권이 바뀔 때마다 국가도서관위원회는 위기를 맞았다. 2008년 이명박 정부가 들어서자 위원회 조직이 축소되어 위축되었고, 박근혜 정부 때까지 사무실 조차 없어 위원회 회의를 식당에서 했을 정도로 대통령 소속 위원회로서 위상이 유명무실 했다. 그만큼 도서관을 기본으로 하는 문화정책의 철학과 비전이 부재했다는 의미다.

다행스럽게 문재인 정부가 들어서면서 국립중앙도서관 본관 7층에 위원회 사무국을 다시 갖추고 교육부, 행안부 등에서 공무원이 파견되어 대통령 소속 위원회로서 그 위상을 되찾았고, 〈도서관법〉 개정에 따라 '국가도서관위원회'라는 명칭으로 새로운 출발을 앞두고 있다.

문화체육관광부(이하 문체부)가 도서관 정책을 담당하는 주무 부처이지만 도서관은 문체부뿐만 아니라 교육부, 행안부, 기재부, 국토부 등 타 부처와의 협력적 관계가 절실히 필요하다. 이에 「도서관법」에 따라 기획재정부장관, 교육부장관, 과학기술정보통신부장관, 법무부장관, 국방부장관, 행정안전부장관, 문화체육관광부장관, 산업통상자원부장관, 보건복지부장관, 여성가족부장관, 국토교통부장관이 당연직 위원이다. 국가도서관위원회가 문체부 소관 위원회로 낮아지면 타 부처와의 협력이 제대로 이루어지지 못할 가능성도 크다.

문체부 도서관정책기획단 관계자에 따르면, "행안부에서 일괄적으로 위원회를 정비하는 절차를 진행중인데 국가도서관위원회는 대통령 소속이 아닌 문체부 소관 위원회로 정비하는 내용을 담아 일괄 상정하는 방식으로 추진한다"고 전했다.

신기남 전 대통령 소속 국가도서관위원회 위원장(제6기, 제7기)은 국가도서관위원회만은 정략에 흔들리지 않고 길이 존속하고 계속 발전해야 한다고 강조했다. "도서관은 국민이 일상생활에서 가장 바라는 시설로 부각되고 있습니다. 법정기구인만큼 국회가 지켜주시길 바라고 전국의 도서관인들이 나서서 호소해 주시기 바랍니다. 문화선진국이 진정한 선진국이고 지식정보사회는 거스를 수 없는 시대적 조류입니다. 도서관을 최고의 국가 전략으로 삼는 현명한 정책의 산물인 국가도서관위원회를 지킵시다."라며 호소했다.

"그 도시의 문화와 시대정신을 가장 신속하고도 정확하게 보여주는 문화적 거울의 요체를 바로 도서관이다." - 《그 도서관은 감동이었어》중에서

철학의 결핍이 낳은 문화 빈곤의 시대에 살고 있다는 생각이 든다. 물질적으로는 풍족해졌지만 정신적으로는 궁핍한 시대. 이럴 때 지역의 도서관은 옹달샘 역할을 해줄 수 있는 안식처 같은 역할을 할 수 있는 공간이 될 수 있다.

도서관은 우리가 살고 있는 시대를 보여주는 문화적 거울이다. 도서관은 시민들의 커뮤니티 공간이며, 시민들의 삶을 풍요

롭게 만들어주는 라이프 공간이다. 국가(지역의 리더)의 철학과 가치관이 녹아 있는 곳이 도서관이다. 정략에 따라 정권에 따라 흔들리는 도서관 철학의 부재가 안타깝다.

한국도서관협회, 성명서 통해 '국가도서관위원회를 대통령 소속으로 존치해야 하는 이유' 밝혀 지난 7월 15일 전국 22,415개 도서관(국립도서관·공공도서관·작은도서관·대학도서관·학교도서관·전문도서관·교도소도서관·병영도서관·장애인도서관)을 대표하는 전문 단체인 한국도서관협회는 성명서를 내고 윤석열 정부의 대통령 소속 국가도서관위원회 폐지에 강력히 반발했다.

한국도서관협회는 성명서를 통해 "역대 정부들은 출범할 때마다, 대통령 소속 위원회를 비롯한 부처 소속의 각종 위원회를 정비한다는 명목으로 국가도서관위원회의 존폐를 언급한 것은 실로 안타까운 일"이라며 목소리를 높였다. 한국도서관협회가 국가도서관위원회를 대통령 소속으로 존치해야 하는 이유를 다음과 같이 다섯 가지 근거로 주장하고 있다.

첫째, 모든 도서관은 한국이 경제부국, 기술강국, 문화선진국으로 도약하기 위한 베이스캠프이자 제3의 사회적 장소다. 도서관 중심의 지식문화 인프라가 충실하지 못하면 경제적 풍요와 최첨단 정보기술은 사상누각이고 사회적 불평등과 부끄러운 자화상은 계속될 수밖에 없다.

둘째, 도서관은 대다수 국가와 사회에 존재하는 공공시설 중에서 가장 중립적이고 안전한 공공재이자 문화기반 시설이다. 도서관을 통한 지식정보 이용은 지적 수준을 높이고, 각종 프로그램은 평생학습 및 문화적 욕구를 충족시키며, 대출·열람서비스는 독서 생활화, 경제강국으로 이어진다. 국민 독서율이 1% 늘어나면 사회문화적 역량의 강화에 따른 GDP도 0.2% 증가한다.

셋째, 도서관은 '공정과 상식'이 통하는 한국사회의 법치주의를 확립하는 첨병이자 초석이다. 도서관을 통한 인문주의 확산, 민주시민성 함양, 정신문화 수준 제고는 모든 정부가 금과옥조로 삼아야 할 전략적 메뉴이자 지속적으로 추진해야 할 과제이다. 이를 통해 법치주의가 정착되고 국정 목표인 '다시 도약하는 대한민국, 함께 잘 사는 국민의 나라'도 구현될 수 있을 것이다.

넷째, 국가도서관위원회는 김구 선생이 염원한 '아름다운 문화국가론'을 실천하고 지식문화 선진국을 견인하는 컨트롤타워다. 2022년 12월 시행을 앞둔 「도서관법」 개정법에 그 명칭을 도서관정보정책위원회에서 '국가도서관위원회'로 개칭한 이유도 도서관 선진화와 문화선진국 창출을 선도하도록 책무를 강화하는 데 있다.

다섯째, 국가도서관위원회는 현행 도서관시스템, 특히 공공도서관의 제도적 후진성(행정체계 이원화와 난맥상, 중앙부처 총괄기능 취약, 광역대표도서관의 위상 저하, 광역시도 단위의 시스템화 부재, 전문인력 절대 부족 등)을 개혁하는 주체다. 오랫동안 누적되어 온 제도적 불합리성과 시스템적 취약성을 해결하려면 국가도서관위원회가 법적 권능을 기반으로 관할부처 및 운영주체를 대상으로 거중·조정해야 한다. 이를 외면하면 국민의 지식문화적 삶은 고사하고 도서관 중심의 문화선진국 구현도 언어의 유희에 불과하다.

# 조선시대 독서당과 출판학의 부재에 대하여

지난 2021년 7월 14일 문재인정부는 대통령 주재 한국판 뉴딜 국민보고대회(제7차 비상경제회의)를 개최하여 〈한국판 뉴딜 종합계획〉을 발표했다. 한국판 뉴딜은 경제·사회구조 변화 중, 특히 비대면화·디지털화 대응에 중점을 두고 디지털 기반 경제혁신 가속화 및 일자리 창출 추진을 목표로 한다.

코로나19는 우리 사회에 비대면화Untact와 디지털 전환Digital Transformation 등 4차 산업혁명을 가속화시키고 있으며, 온라인 플랫폼 기반 온라인 교육, 비대면 의료, 원격근무 등 비대면 활동 속도와 범위가 급속히 증가하고 있다. 이 과정에서 데이터 수집·축적·활용 인프라와 초고속 정보통신망에 대한 수요가 크게 확대될 전망이다. 따라서 한국판 뉴딜은 경제·사회 구조 변화 중, 특히 비대면화·디지털화 대응에 중점을 두며, 이러한 환경을 대응하는 디지털 기반 경제혁신 가속화 및 일자리 창출을 추진하는 데 있다.

출판산업 분야도 예외는 아니다. 종이책을 근간으로 하는 전통출판 산업에서 디지털 전환을 통해 뉴미디어 산업으로 성장 동력을 키워야 한다. 대체로 산업의 토대를 이루는 대학의 학과가 존재한다. 법학, 의학, 교육학, 정치학, 언론학, 문화콘텐츠학, 문헌정보학 등 학문의 체계를 구성하고 학과를 두고 있으며 인재를 길러내고 있다. 학부, 석사, 박사과정을 통하여 현장의 실무 인재와 미래를 연구하는 학자를 양성해야 하는데 출판산업은 독특하게 4년제 대학에 '출판학과'가 없다. 그러나 영미권, 독일, 중국은 출판인재를 길러내는 출판전공을 두고 출판산업에 종사할 인재를 키우고 있으며 연구인력도 양성하고 있다.

한국형 뉴딜정책에서 보는 바와 같이 디지털 전환에 대응하고 리더십을 발휘할 대학의 인재 양성, 정부의 정책, 산업계의 협력관계가 필요하다. 특히 출판산업은 종이책에서 전자책, 오디오북, VR/AR, OSMU, AI 등 기술과 접목하면서 성장해야 하고 콘텐츠 소비자들의 니즈를 반영해주는 제대로 된 큐레이션이 작동하기 위해서는 빅데이터 등을 기반으로 한 인공지능과의 결합도 필요하다. 출판산업을 지탱해 줄 출판학의 뿌리가 튼튼하지 않고 이를 대학의 학과로 존립 및 발전시키지 못한다면 앞으로의 출판산업의 미래는 불투명하다고 본다. 책을 기획하고 문화콘텐츠산업으로 발전시키는데 전문적인 역량이 필요함에도 불구하고 전문직으로 인정받지 못하는 정통성이 없고 우수한 인재들이 찾지 않는 산업이라는 점에 대해서는 출판업계와 출판학회가 반성해야 할 부분이다.

조선시대 340년간 국가의 인재를 양성한 독서당이 있다. 조선시대 왕들이 국가의 인재를 길러낸 독서전문기구이다. 조선시대 세종부터 영조시대 약 340년동안 국가의 우수한 인재들을 길러낸 독서당이라는 독서전문기구가 있었다. 세종은 과거시험에 합격한 인재들에게 휴가를 주어 집에서 독서를 하도록 하는 '사가독서'를 시행하였는데, 이를점차 제도화 시켜서 독서를 하는 공간을 만들었다. 성삼문, 신숙주, 조광조, 이황, 이이, 주세붕, 정철, 유성룡, 정약용 등 우리에게 이름이 익숙한 인물들을 포함하여 320명의 우수한 인재들이 선발되어 독서당에서 책을 읽고 공부하면서 책을 집필했다.

아쉽게도 현재 독서당의 실제 모습은 현존하지 않는다. 독서당의 역할을 했던 곳은 진관사, 장의사, 남호독서당, 정업원, 동호독서당, 한강별영이다. 주로 절을 독서당으로 활용하였는데, 중종 때는 특별히 동호독서당이라는 건물을 지어 독서당으로 활용하였다. 동호독서당의 위치는 현재 서울 성동구 옥수동 극

동아파트 자리로 알려져 있는데 임진왜란 때 소실되었고, 동호독서당이 있었다는 표석을 세워놓았다. 또한 서울 용산구 한강동 한남역교차로에서 성동구 행당동 응봉사거리까지 이어지는 도로 이름이 '독서당로'이다. 아쉽게도 독서당로에는 '독서'와 관련된 콘텐츠가 없다. 조선시대 국정운영을 위해 독서를 매우 중요하게 여겼던 철학이 현재와 단절되어 있다.

독서당은 중요한 책들이 모이는 도서관의 역할을 했으며, 좋은 책을 읽는 독서공간이었고, 시를 짓고 낭송하며 자연을 즐기는 풍류의 공간이었으며, 좋은 책을 쓰는 창작의 공간이었다. 독서당의 취지를 계승한 사례로는 성동구가 지역주민들을 위한 공간으로 평생학습관을 설립했는데 독서당인문아카데미로 이름을 지었다. 독서당의 복원을 통하여 독서문화를 고취하는 전통문화의 계승은 부족하다. 조선시대 독서당을 통해 우리가 찾을 수 있는 의미는 국정운영의 철학을 독서를 기반으로 하였다는 점이다. 독서당에서 독서를 하며 공부한 우수한 인재들이 책을 저술하기도 하였다. 이러한 독서활동이 가치 있는 콘텐츠를 생산해내는 과정이다.

한국의 전반적인 교육시스템에서 독서교육은 매우 부실하다. 어렸을 때부터 좋은 책을 고르는 방법, 책을 읽는 방법, 토론, 독서 리터러시 등 전반적인 독서교육을 통해 미래의 인재를 길러내는 교육체계의 혁신도 시급할 뿐만 아니라 정치·교육·사회 등 전반적으로 독서문화의 중요성을 간과하고 있다는 점이 가장 큰 문제이다. 독서문화의 향상은 곧 양질의 책을 공급하는 출판산업과도 연결되어 있다.

 문화콘텐츠 산업의 뿌리라고 할 수 있는 출판콘텐츠가 전통 출판의 우물안에서 벗어나 디지털 전환을 통해 뉴미디어로서 역량을 발휘할 수 있도록 출판학의 정립과 출판산업의 혁신이 필요할 때이다. 이를 위해 문화체육관광부와 교육부는 문화콘텐츠 기틀이라고 할 수 있는 출판학에 대한 관심을 가지고 출판학과 편성 등에 고민하고 정책을 마련해야 한다.

 '1등하는 의사'에 대한 풍자가 있었는데, 한국형 뉴딜정책이 제대로 시행되기 위해서는 '독서하는 인간'을 길러내는 바탕이 있어야 한다. 이러한 시대적 과제를 이끌어갈 리더십을 출판학이 해야 한다고 생각한다.

# 4부

# 책을 지으며 사는
# 인생의
# 기쁨과 슬픔

# 행복이란
# 내면을 들여다보는
# 것으로부터

　요즘은 페이스북을 보기가 두려울 때가 있다. 좋은 소식보다는 어렵다는 소식들이 더 많이 올라오기 때문이다. 어느 날 밤, 잠이 오지 않아 뒤척이다가 페이스북을 열었다. 어떤 출판인이 글을 올렸는데, 매출이 전월 대비 30% 이상 하락했다는 내용이다. 출판계에서는 여름방학과 겨울방학은 성수기라고 하는데 매출이 30% 이상 하락했다는 현장의 목소리는 매우 심각하게 들렸다. 도서정가제 이후 매출이 더 줄어들었다는 영업자들의 목소리도 들린다. 박근혜 정부가 문화융성과 인문정신을 정책 기조로 하면서 문화체육관광부에 인문정신문화과도 만들고 정책 실현을 하고 있는데 책을 읽는 문화는 찾기 힘들고 출판산업은 점점 어려워지고 있다고 하니 뭔가 구조적인 문제가 있다는 생각이 든다.

어느 날, 〈출판저널〉을 구독하고 계시는 독자 한 분이 연락을 주시어 〈출판저널〉에서 독서캠페인을 이끌어주면 좋겠다는 제안을 주셨다. 그래서 〈출판저널〉은 책 읽는 문화를 확산하기 위해 책모아(책 읽는 모습이 아름답다) 독서문화 캠페인을 시행했다. 책 읽는 모습 사진전, 에세이 행복한 책 읽기, 내가 읽은 이 달의 문장 등 우리 이웃들의 독서활동을 알리고 책 읽는 문화가 점점 널리 퍼져나가기를 바라는 마음으로 시작되었다. 페이스북에도 책모아 독서 캠페인 공개그룹을 만들어 우리나라 방방곡곡에서 이루어지는 독서활동들을 공유하고 있다. 정부기관, 공공도서관, 학교 등과도 협력해서 책모아 독서문화 캠페인을 더 넓혀 나가고자 한다.

《행복이란 무엇인가》를 쓴 저자 하버드대 샤하르 교수는 삶을 긍정으로 바꾸는 열 가지를 제안했는데 다음과 같다. ①마음이 시키는 대로 하라. ②친구와 최대한 많은 시간을 보내라. ③실패를 똑바로 바라봐라. ④자신을 인정하라. ⑤단순한 삶을 살아라. ⑥규칙적인 운동을 해라. ⑦양질의 수면을 취하라. ⑧사람들에게 관대하라. ⑨용기를 내라. ⑩항상 감사하는 마음을 가져라.

샤하르 교수가 제안한 행복한 삶을 살기 위한 열 가지 방법도 실천해야 하겠지만, 행복이란 자신의 내면을 들여다보는 것에서부터 시작된다는 샤하르 교수의 말이 더 와 닿는다. 내면을 들여다보는 방법은 여러 가지가 있겠지만 독서를 통해 내 마음을 잔잔하게 만들어보는 것은 어떨까.

# 무엇을
# 그리고 싶다는
# 욕망

초등학교에 입학하기 전에 잠깐 미술학원에 다닌 적이 있다. 스케치북에 크레파스로 그림을 그리는 것을 좋아하는 아이를 보고 엄마는 형편이 좋지 않은 살림살이에 돈을 모아 나를 미술학원에 데리고 가신 것이다. 나는 어린 마음에 미술을 가르쳐주는 학원이 있다는 것이 신기했는지 엄마가 학원 선생님과 상담을 하고 계시는 동안 학원을 둘러보았다. 지금도 생생하게 기억이 나는 장면은, 문이 살짝 열린 틈으로 삼삼오오 사람들이 모여 데생을 하고 있는 모습이었다.

학원 선생님이 나에게 그림 그리는 솜씨가 어떤지 보자며 스케치북에 그림을 그려보라고 하셨다. 나는 여러 가지 색깔 크레파스로 하얀 지면을 마구 색칠했었는데 선생님 표정을 보니 놀란 것 같았다. 정물화나 풍경화 같은 것을 그릴 줄 알았는데 어떤 형태를 갖추지 않은 이 색 저 색으로 지면을 채웠으니 말이다. 지금 생각해도 쿡쿡 미소가 나온다. 나는 크레파스가 닳아 없어지는 걱정 없이 마음껏 색칠을 했던 것이다. 어쨌든 나는 미술학원에 다닌 경력으로 초등학교 때 그림을 잘 그리는 아이로 불렸다. 내 그림이 초등학교 복도에도 전시가 되었는데 초등학교 4학년 때 전주에서 서울로 이사를 오는 바람에 미처 그림을 챙기지 못했다.

나는 아직도 그 그림이 복도에 가만히 걸려있는 꿈을 꾼다. 서울로 이사를 온 이후로 학교에 한 번도 찾아간 적이 없는데 어쩌면 주인 없는 그림이 어디론가 사라졌을지도 모른다는 두려움 같은 복합적인 감정이 나를 사로잡기도 한다. 그래서일까. 아직까지 학교에 찾아가지 않는 까닭모를 이유를 나 혼자서 맘속에 품고 있다.

서점가에 불었던 컬러링북을 보면서 잠시 덮어 두었던 내 유년의 일들이 떠올랐다. 사람들은 왜 컬러링북에 열광할까. 언젠가 지인이 미술치료를 통해 우울증에서 벗어났다는 이야기를 들었다. 미술은 화가들만이 그리는 작업으로, 치료를 위한 과정으로, 여가시간을 활용하는 문화적인 활동이었다면 이제는 미술이 생활 속으로 들어왔다. 책은 '읽는다'라는 행위이지만 '그린다'도 읽는 과정이다. 독서 패러다임이 바뀐 것이다. 1인 미디어 시대에 살고 있는 우리는 독서 또한 체험을 통해 읽고 싶은 욕망이 있는 것이다.

 지금까지 색칠놀이는 아이들이 하는 것이라는 고정관념을 깨고, 이제는 아이부터 어른들까지 색칠놀이를 하면서 우리 마음 저변에 깔려 있는 무엇을 마음껏 그리고 싶다는, 내 마음을 표현하고 싶다는 욕망을 보여주고 있다. 봄이다. 그대가 가진 색으로 그대의 봄을 마음껏 표현하시길 바라면서.

# 스토리텔링 시대,
# 우리 소설은
# 어디로 갔는가

스무 살 시절에 내가 즐겼던 낭만은 서점에 가서 시집과 소설책을 구경하는 일이었다. 그때 서점에서 서성거리면서 만났던 책들은 아직도 내 마음속에 아련하게 기록되어 있다. 주머니 사정이 넉넉하지 않았던 터라 사고 싶은 책이 있더라도 소유욕을 발휘하지 못했고 빈손으로 돌아서야 했다.

지금 서점에 가면 수많은 책들의 축제가 펼쳐진다. 텍스트가 넘쳐나는 시대에 살면서 과연 우리가 인생을 살면서 책을 읽는다는 것은 무엇인가, 라는 생각을 다시 하게 된다. 사람이 읽는다는 행위는 정신적인 것과 이어진다. 지식을 얻기 위해서도 책을 읽지만 마음을 수양하기 위해서도 책을 읽는다. 그래서 책을 읽는 사람들은 성숙한 모습을 보여주고 튼실한 내공을 가졌기에 어떤 풍파에도 잘 흔들리지 않는다.

  4월 23일은 세계 책의 날이다. 문자로 된 책을 읽어도 좋겠지만 사람 책을 읽는 것도 좋은 방법이겠다. 다른 사람이 걸어온 인생길을 읽고 나의 삶을 되돌아보는 일. 그래서 더 나은 삶으로 조금씩 나아가는 것. 우리가 책을 읽는 이유가 아닐까.

  안타까운 점은 우리 문학이 해외문학 등에 밀려 독자들에게 외면받고 있다는 것이다. 종합베스트셀러 순위에서도 이상문학상 수상작 외에 우리 문학을 찾아보기 힘들다. 이야기산업은 성장하는데 문학은 점점 위축되어 간다. 반면 에세이 시장은 점점 확장되어 가고 있다. 소비자가 생산자가 되는 프로슈머가 출판시장에서도 이미 트렌드이며 이제는 모든 독자들이 자신의 이야기를 가지고 있는 생산자가 되었다. 소설만이 특별한 이야기가 아니라 이제는 누구라도 스토리텔러가 되는 시대다. 출판시장에 글쓰기 관련 책들이 넘쳐나는 이유도 많은 사람들이 자신의 이야기를 쓰고 싶다는 니즈가 반영되었기 때문이다.

  그럼에도 나는 스무 살 시절에 밤새 소설을 읽고 시 한 편을 외우며 다녔던 그때가 그립다. 디지털 시대를 지나 스마트 시대를 살면서 흑백사진처럼 빛바랜 시절이 그리워지는 이유는 왜일까.

# 가족이란 그 이름

　창밖에 녹음이 점점 진해지고 있다. 풍요로운 계절이 다가오는 것을 느낀다. 오월에는 생명의 기운이 넘쳐난다.
　최근 공중파에서 가족에 대한 프로그램이 부쩍 늘었다. 드라마나 연속극은 본래 가족을 중심으로 한 이야기가 펼쳐지는 것이 당연한 일이겠지만 리얼리티를 가미한 오락 프로그램에서 가족을 다루는 현상이 늘어나고 있다는 것은 그만큼 우리가 살고 있는 시대가 탈가족사회라는 점을 보여준다.
　혈연으로 맺어진 가족에 대하여 독자들은 어떻게 생각하시는지 궁금하다. 절대적인 애정을 쏟아야 하는 대상임에도 불구하고 가족이란 이름은 기쁨도 주지만 때때로 우리를 무척 힘들게 만들기도 한다.

우리 아버지는 지금껏 단 한 번도 비행기를 타보지 못하셨다. 영화 〈국제시장〉에 나오는 주인공 아버지처럼 거대한 역사의 물결에 휩쓸려 시대를 살아오신 분이다. 한국전쟁을 겪는 통에 공부도 제대로 하지 못했지만 한약방을 하셨던 할아버지께서는 아들에게 한자를 가르치셨다고 한다. 다섯 아들 중에서 가장 한자를 잘 썼던 둘째 아들 우리 아버지가 당신의 뒤를 이어 한약방을 하셨으면 하는 욕심이 생기셨다고 한다. 자세한 뒷이야기는 더 들어봐야 알겠지만 어려운 살림에 돈을 더 많이 벌기 위해 아버지는 다른 일을 하셨던 것 같다. 세월이 흘러 내가 스무 살 적에 할아버지는 돌아가시게 되었고 아버지는 할아버지의 뜻과는 전혀 무관한 인생을 살아오셨다.

공부를 많이 하지 못한 아버지는 나보다 한자를 더 많이 아시고 잘 쓰신다. 그러나 내가 사춘기 시절에는 우리 아버지가 한자를 많이 아는 것보다는 돈을 많이 벌어오는 아버지였으면 하는 바람이 더 컸다. 내가 하고 싶었던 그림을 마음껏 그리고 싶었고 경제적 여유를 걱정하지 않고 공부만 하고 싶었다. 이런 투정들은 이젠 아득한 추억의 그림으로 남았지만 어렸을 적 목마를 태워주셨던 아버지의 좁고 굽은 어깨를 보면 쓸쓸함을 느낀다. 아버지도 스무 살 적에는 큰 꿈이 있으셨을 것이고, 서른 살에는 날개를 활짝 펴고 당당한 인생을 살고 싶으셨을 것이다. 아버지가 사업에 실패하여 실어증에 걸리셨을 때 몸 안에 하고 싶은 말이 얼마나 많으셨으면, 하고 가만히 아버지의 등을 바라보았던 때가 생각난다.

  오월이다. 지상의 모든 생명들이 꿈틀거리면서 솟는다. 한겨울에 숨을 죽이고 있던 화초들이 다시 기지개를 편다. 나도 꿋꿋하게 살아있다고!

# 우리 앞에 놓인 현실과 당당하게 마주할 때

〈출판저널〉 495호를 마감하는 동안 3년동안 깊고 어두운 바닷속에 잠겨 있던 세월호를 인양한다는 뉴스가 전해졌다. 2014년 4월 16일 이후 우리 사회는 지금까지 우울증과 갈등이 증폭되고 경기는 침체되고 대통령 탄핵이라는 결과까지 이어졌다.

좋은 리더는 '문제를 잘 해결하는 사람'이다. 비단 한 나라의 대통령의 리더십뿐만 아니라 어느 조직이든 리더가 문제를 잘 해결하지 않으면, 조직구성원 나아가 사회 전체가 세월호처럼 침몰되기 싶다.

바다에는 언제나 바람이 일고 풍랑이 이는 것처럼 우리 인생도 마찬가지다. 언제 어떤 풍랑이 우리를 덮칠지 알 수 없다. 세월호 침몰 이후 출판시장에는 우리 인생과 우리 사회의 성찰을 모색하는 도서들이 출판되고 있다. 하지현 저자가 낸《대한민국 마음 보고서》도 우리시대의 자화상을 보여준다.

"지난 20여 년 동안 신자유주의 문화는 정신과 의사의 어깨에 많은 짐을 얹었다. 문제를 바라보는 중심축이 사회보다는 개인의 자유와 책임 쪽으로 옮겨갔고 문제의 해결도 개인으로 초점이 맞춰졌다. 내면의 성찰을 통한 자아의 변화와 성장, 그리고 조직에서의 성공을 위한 자기계발은 동전의 양면이었다."
-《대한민국 마음 보고서》7쪽

'인생', '삶'을 키워드로 한 도서들이 꾸준히 출간되는 이유도 결국 우리 모두가 떠안고 있는 인생의 문제를 책을 읽으면서 도움을 받고자 하는 독자들이 늘어나고 있기 때문일 것이다. 내 경우에도 그렇지만 어떤 누구도 내 인생의 문제를 해결해 주지 않는다. 책을 읽는다고 당장 내 문제가 해결되지는 않지만, 내가 스스로 풀어야 하는 것이기에 책을 읽음으로써 해결의 실마리를 찾게 된다. 이런 묘미가 바로 책 읽기의 매력이 아닐까 싶다.

침몰된 거대한 세월호가 수면 위로 올라오는 장면을 보면서, 영화 〈괴물〉의 한 장면이 떠올랐다. '세월호'라는 글자가 희미하게 지워질 정도로 거친 바닷속에 잠긴 세월호는 녹슬고 만신창이가 된 채로 우리 눈앞에 드러났다.

우리는 현실을 마주하게 될 때 가장 큰 두려움을 느낀다. 어쩌면 만신창이가 된 채로 뭍으로 되돌아 온 세월호는, 결국 우리 각자가 아닐까. 영화 속에서 "괴물이 되지 말자"라는 대사처럼, 만신창이가 될지언정 괴물은 되지 말아야 한다. 세월호가 침몰되지 않았더라면 좋았겠지만, 침몰된 세월호를 적극적으로 끌어올리려는 '진실한' 리더십이 있었더라면, 하는 희망을 가져 본다. 우리에게 닥친 문제를 언젠가는 꼭 풀어야 한다면, 다음으로 미룰 수 없지 않은가.

〈출판저널〉이 창간 30주년이 되었느냐며, 축하의 말씀과 함께 약간의 걱정의 메시지도 보내주신다. 2023년은 창간 36주년이다. 출판보다 잡지가 지속적으로 꾸려나가기 힘들기 때문이다. 〈출판저널〉 발행을 맡아오면서, 우리 출판계를 이끌어가는 리더십에 대하여 생각해 볼 기회가 많았다. 출판도 사업이기 때문에 각자 알아서 좋은 책을 내고 이익을 내면서 재미있게 사업을 하면 가장 좋다. 출판계의 리더들이 주변을 돌아보면서 함께 성장하고, 업계를 위한 리더십을 발휘해 주었으면 한다. 감투를 위한 리더가 아닌, '진실한' 리더가 우리 출판산업에도 나타나주었으면 하는 바람이다.

# 비로소 나는 인생이라는 정류장에 도착했다

김민주 저자가 쓴 《다크 투어》라는 책을 관심 있게 읽었고 내가 진행하는 팟캐스트(정윤희 곽현화의 더빨간책)에 저자를 초대해서 이야기를 나누기도 했다. 저자는 다크 투어를 이렇게 정의하고 있다. 인간이 저지른 어두운 현장을 찾아가서 오늘에 되살려보는 시공간 여행. 다크 투어 유형도 유배 투어, 묘지 투어, 감옥 투어, 전쟁 투어 등 여러 가지가 있는데, 그중 나는 '표류 투어'가 와닿았다. 목적지를 정하고 출발했지만 우리 인생은 목적지에 다다르기 전까지 표류하다가 도착한다. 그나마 잘 도착하면 다행이지만 도착하지도 못하고 계속 표류하기도 한다. 《다크 투어》를 읽으면서 우리 인생의 표류를 생각했다.

부모님은 충주에서 4년 정도 사셨는데 고향으로 다시 내려가셨다. 군산은 외할머니께서 살고 계시는 곳이기도 하지만 아버지가 청년시절을 보낸 곳이다. 아버지는 전주에서 태어나셨고, 푸릇한 청년땐 베트남전에 파병되셨다가 돌아오신 후 전주에서 엄마와 결혼해 나를 낳으셨다. 내가 초등학교 4학년 때 아버지는 우리 가족을 데리고 전주에서 서울로 상경했다.

술 한 잔도 못 드시고 지금까지 내가 자라면서 집안에서 큰소리 한 번 안내셨던 우리 아버지다. 사업에 실패하신 아버지는 뇌출혈로 쓰러지신 후 다행히 건강을 되찾으셨지만 그 이후 실어증에 걸리셔서 글쓰기와 말씀하시는 게 자유롭지 못하다. 잘 쓰시던 한문도 거의 잊어버리셨다. 아버지는 엄마와 함께 고향을 떠나 50여 년간 거친 인생바다를 항해하신 후 다시 고향으로 내려가신 셈이다. 청년시절 크고 많았던 꿈이 분명 있었을 것이다. 서른 중반에 고향을 떠나 일흔 살이 넘어 아픈 몸으로 다시 고향에 도착한 아버지의 마음을 생각해 본다. 우리는 그렇게 고향을 떠난 자가 되었다가 이방인으로 살고 다시 고향의 품으로 돌아간다.

〈출판저널〉에는 많은 책들이 매달마다 도착한다. 이렇게 많은 이야기들이 끊임없이 탄생한다는 점이 경외롭다. 책을 만들다 보면, 나아가 책을 만드는 경력이 점차 늘어나면서 자연스럽게 인생을 생각하게 된다.

좋은 책이란 저자의 연륜과 편집자의 연륜이 결합해서 나오기 때문에 저자와 편집자가 쌓아 온 시간은 좋은 콘텐츠를 만드는 거름이 된다. 시간의 발효가 쌓일수록 좋은 책이 나온다. 그래서 출판을 하다보면 콘텐츠를 '익히는' 과정이 필요하다.

출판에 대한 많은 고민을 한다. 20대부터 잡지 에디터로 일을 했지만 〈출판저널〉에서 2006년부터의 에디터 경험은 매우 특별하다. 다양한 인생의 경험을 축적한 책을 만날 수 있었다는 점이 내 인생에서 큰 자산이다. 독자들에게 고백하자면, 〈출판저널〉 30주년이 되면 더 기뻐하고 뭔가 뿌듯한 마음이 들어야 하는데, 이제 앞으로 어떻게 할 것이냐에 대한 고민이 더 크다. 종이값 등 원자재를 계속 오르고 출판시장은 계속 안 좋아지고 있으며 잡지시장은 출판시장보다 저 열악한 환경에 놓여 있다. 이러한 현실 앞에서 〈출판저널〉과 거리를 두고 미래를 냉철하게 본다. 〈출판저널〉과 함께 해 온 시간을 되돌아보며 표류에 대하여 다시 생각해 보게 된다.

그리고 나는 비로소 인생이라는 정류장에 도착했다.

## 책 지으며 사는 인생에 대하여

 길을 걷다가 넘어져서 무릎에 피가 나고 상처가 났다. 잘 넘어지지 않는데 왜 넘어졌을까 되짚어보기 위해 넘어진 장소에 가서 확인해 보니까 보도블럭 두 개가 빠져서 그 빈틈 사이에 걸려 넘어진 것이다. 소독약 바르고 빨간약 바르고 응급처치를 해서 큰 상처로 번지지 않아서 다행이었지만 아이들이나 어르신들이 넘어진다면 크게 다칠 것 같다는 생각이 들었다. 인생은 때때로 생각하지 못한 지점에서 넘어지기도 한다는, 조금 낭만적인 기분으로 스스로를 위로하곤 하지만.
 최근에 출판인들의 안타까운 소식을 들으면서 정책이나 어떤 제도의 빈틈이 산업의 위기뿐만 아니라 사람의 목숨까지도 위협할 수도 있다는 생각을 하면 매우 신중해져야 하겠다는 생각

을 한다.

암과 싸우다가 작고하신 출판인도 계셨고 송인서적 부도로 피해를 입은 어느 출판인은 송인으로부터 받은 어음을 막지 못해 스스로 죽음을 선택해야 하는 일도 있었다.

송인서적의 부도는 이 빠진 보도블럭과도 같다. 누군가 넘어져서 상처를 입게 될 거라는 것을 뻔히 알면서도 정부도 방치하고 출판계도 방치했다. 출판진흥을 위해서 출판진흥법도 마련하고 한국출판문화산업진흥원도 설립했는데 출판산업은 더욱 더 힘들어지고 출판을 목숨과 바꿔야 하는 일들이 왜 벌어지고 있을까? 부고 소식을 듣고 우리가 무엇이 어디서부터 어떻게 잘못된 것인가를 생각했다.

이러한 생각은 〈출판저널〉에서 에디터로 일하면서 느끼고 경험한 것으로부터 비롯되었고 〈출판저널〉 500호를 맞이하면서 '모색과 대안'이라는 특집을 시작하게 된 계기로 이어졌다. 이제부터라도 잘못된 원인이 무엇인가를 찾자는 것이다. 보도블럭 틈새처럼 정책이나 제도 등 어디에 허술한 틈새가 있는지 함께 모색하고 대안을 마련해 보자는 기획으로 시작되었다.

공공도서관은 국민의 세금으로 운영되는 곳이기에 국민들이 마음껏 독서와 여가 등 공공서비스를 충분히 누릴 권리가 있다. 도서관의 운영은 로봇이 아닌 사람이 해야 한다. 대출반납을 요즘엔 기계가 해준다. 사서의 역할은 국민들의 독서문화를 위해

보다 더 적극적으로 움직여줘야 하는 독서 퍼실리테이터 역할을 해줘야 한다. 도서관 사서들과 책 이야기를 나누고 인생상담도 받을 수 도서관, 얼마나 멋진 일인가? 그러기 위해서는 현실적으로 장서를 구입할 수 있는 예산도 늘려야 하고 도서관에서 일하는 사서들이 많아야 한다. 그러나 우리 도서관 현실이 얼마나 열악한가를 엿볼 수 있다. 국민들이 누려야 할 독서주권을 위해서 도서관이 바로 설 수 있도록 함께 해줘야 한다.

《그 도서관은 감동이었어》를 쓴 신경미 저자는 '아펠도른의 코다CODA도서관'을 소개하면서, "도서관은 지식인들의 점유공간이 아니라 너와 나의 이웃들이 함께 어울림을 만들어가는 살아 있는 문화공간이다"라고 설명한다.

국민독서율이 점점 낮아지고 있는 현실에서 스마트미디어 등 외부적인 환경에 그 원인을 돌리고 왜 책을 읽지 않느냐고 타박하기보다는, 국민들에게 공공복지의 가장 강력한 대안으로 공공도서관의 문화를 혁신한다면 자연스럽게 독서문화는 정착될 거라고 확신한다.

# 5부

# 책문화생태계 조성과
# 문화민주주의 실천

# 문화정책의 기본은 책문화이다

〈오징어 게임〉 등 문화콘텐츠가 세계적으로 인정 받고 권위 있는 상을 수상하고 있다. 한국에서 제작한 문화콘텐츠가 우리 나라뿐만 아니라 다른 나라 문화 소비자들에게도 소구력이 있는 이유는 아마도 인류 보편적 가치를 한국적인 문화를 통해 보여주었고, OTT라는 기술적 연결로 콘텐츠의 확산 가능성이 높아졌기 때문이다.

여기에서 한 가지 우리가 생각해 보아야 할 것은 이러한 문화적 우수성의 원천은 어디에서 나올까라는 점이다. 문화콘텐츠의 원천은 인문학적 토대 위에서 건강하게 성장한다. 여기에 인간의 상상력과 창의력, 그리고 기술의 결합이 맞아떨어질 때 폭발력을 가진다.

인간 본연의 욕망이기도 한 읽고 쓰고 말하기를 포함하는 개념을 필자는 '책문화'라고 규정한다. 인간은 태어나 자연스럽게 말을 배우고 사회적 동물로서 타인과의 소통을 위해 문자를 배운다. 그리고 성숙한 인간으로 성장하기 위해 책을 읽고 공부를 한다. 그래서 사람은 한 권의 책이라는 말이 있고, 그 사람을 알려면 어떤 책을 읽고 있는지 보면 된다고 하지 않는가.

아쉬운 점은 책문화에 대한 기본적인 권리를 국민들에게 충분히 보장하고 있지 않다는 점이다. 가령 2023년 정부의 사서교사 채용 계획이 0명이라는 뉴스는 공교육 현장에서 우리 아이들의 문화기본권을 철저하게 무시하는 것이라고 볼 수밖에 없다. 책문화는 우리가 태어나면서 누려야 할 기본적 권리이다. 경제적인 수준의 차이에 따라서 책문화를 향유하는 차별을 주어서는 안 된다. 모든 사람들이 차별받지 않는 문화민주주의 실천을 위해서는 정부의 책문화 정책의 체계적인 수립과 실행이 담보되어야 한다.

박근혜 정부 시기 2013년에 '문화기본법'이 제정되었다. 제정된 '문화기본법'은 "문화에 관한 국민의 권리와 국가 및 지방자치단체의 책임을 정하고 문화정책의 방향과 그 추진에 필요한 기본적인 사항을 규정함으로써 문화의 가치와 위상을 높여 문화가 삶의 질을 향상시키고 국가사회의 발전에 중요한 역할을 할 수 있도록 하는 것을 목적으로 한다."고 되어 있다. 아이러니하게도 박근혜정부 때 문화계 블랙리스트 사태가 일어난 것은 법과 제도가 현실과 매우 동떨어져 있을 뿐만 아니라 국민을 위한 법이 아닌 정부의 이미지메이킹을 위한 선언적 캠페인에 불과하다.

모든 국민이 문화적인 기본적 삶을 누리기 위해서는 요람에서 무덤까지 문화기본권을 누릴 수 있는 법과 제도를 중앙정부뿐만 아니라 지자체에서도 관심을 가지고 실천해야 한다. 책문화 정책은 인간으로서 최소한의 기본권을 누릴 수 있는 문화정책으로서 저술, 출판, 독서문화, 도서관문화 등이 다른 문화정책과 비교하여 균형감 있게 예산과 조직으로 추진해 나가야 한다.

그러나 현실을 보면 책문화 정책은 매우 빈약한 실정이다. 출판진흥 예산은 500억 원 수준이고, 독서진흥 예산은 해마다 늘어나고 있지만, 국민 입장에서 실질적인 독서문화를 누릴 수 있는 정책인가 판단해 봐야 한다. 실제로 문화체육관광부가 조사 연구하여 발표한 〈국민독서실태조사〉에 따르면, 종이책 기준으로 2013년 71.4%에서 2019년 52.1%, 2021년 40.7%로 독서율이 떨어지고 있다. 이러한 현실에서 청소년들의 문해력은 낮아지고 있어 공교육도 우려할 수밖에 없다.

문화적 삶의 기본은 무엇일까. 결국 내 삶에서 시작하는 책문화로부터 시작된다. 이러한 구체적이고 실질적인 책문화 정책을 구현함으로써 문화민주주의를 실천할 수 있다.

# 문화정책의
# 다양성과 균형 성장

언젠가 30층에서 회의를 하면서 창밖으로 시선이 갔다. 비가 내린 후라서 멀리 보이는 풍광도 좋았지만 30층 아래 보이는 아주 작은 것에 눈길이 간다.

높은 곳에 오르면 내가 서 있는 곳의 아래는 아주 조그만 점처럼 형태를 알아볼 수 없이 작다. 높은 곳에 오르면 낮은 곳에 있는 것들이 잘 안 보이고 그들의 목소리를 들리지 않는다. 인생은 멀리서 보면 희극이지만 가까이서 보면 비극이라는 채플린의 말이 떠오른다. 그래서 사회적으로 높은 위치에 오르거나 조직의 높은 자리에 오를수록 더 낮아지는 자세가 필요하다. 사람과 더 가까이, 현장으로 더 깊숙이 들어가는 리더십을 생각한다.

이십 대 초반부터 문화현장에서 오랫동안 종사하면서 문화민주주의에 대한 관심을 자연스럽게 가지게 됐다. 민주주의는 정치의 영역뿐만 아니라 우리의 실제 삶의 현장에서 다양한 구현되어야 하는 제도로 확장되었다. 문화의 영역에서도 민주주의 개념이 더해져 문화가 특정 소수만을 위하거나, 문화를 공급하는 입장만이 아닌 모든 사람들이 문화의 주체가 되고 문화를 생산하는 창작활동자로서 존중을 받아야 한다는 점에서 문화민주주의에 대한 관심은 지속적으로 늘어날 것이다.

데이비드 트렌드는 《문화민주주의》라는 책에서 책, 예술, 영화, 미디어 등 각 분야에서 문화제도들의 발전 양상, 다양한 문화운동들이 어떻게 전개되어 왔는지 역사적 과정 속에서 분석했다. 특징은 좌우 이데올로기 대결로 문화와 정치가 결합하면서 문화에 대한 관심보다는 정치에 방점이 찍히는 현상으로 문화정책에 대한 본질적인 관심에서 멀어졌다는 것이다. 이러한 경향은 문화가 시민의 삶과 괴리되면서 이데올로기만 남은 문화의 본질적인 역할에 대한 성찰을 요구했다.

현대사회에서 문화에 대한 중요성은 더욱 높아지고 있다. 코로나 시대 비대면 사회가 되면서 더욱 빠르게 디지털 전환이 되는 가운데 국가적 문화산업의 경계가 사라지고 있다. 급변하고 있는 환경 속에서 우리 문화정책도 변화를 요구받고 있다.

이동형 저자가 쓴 《지역문화재단, 문화민주주의가 답이다》에서 문화민주주의의 의제인 참여, 공유, 네트워크를 통한 문화민주주의의를 위해 서는 새로운 관점이 필요하다고 밝혔다. 참여는 거버넌스에서 뉴거버넌스로, 공유는 정보·공간 중심에서 유비쿼터스 체제로, 네트워크는 단순·개별형에서 복합형을 제시했다.

문화민주주의 측면에서 책문화 정책을 본다. 출판, 독서, 도서관 등 책문화정책은 다른 문화정책에 비해서 정책적 관심도가 낮다. 정책적 관심도가 낮다는 것은 관련정책의 예산적인 측면에서도 그렇고 문체부 내에서의 정책 비중 측면에서도 그렇다. 이는 좋은 정책을 위한 현장의 다양한 목소리를 담아내는 구조가 미흡하다. 가령 문체부 산하 공공기관인 한국출판문화산업진흥원의 이사회 구조도 특정한 단체 중심으로 구성되어 있다. 앞서 제시한 대로 참여를 위한 뉴거버넌스 측면에서 본다면 공공기관으로서 그 역할을 다하고 있는지 성찰해 보아야 한다.

문화민주주의의는 문화의 다양성, 문화의 전파, 문화의 균형 성장을 통해 실현된다. 무엇보다 문화는 그동안 자본이 이끌어오는 구조 속에서 문화계는 부익부 빈익빈이 거듭되어 왔다. 문화 자본은 문화 종사자(노동자)들의 인권, 삶의 보장 등을 간과해 왔다. 다양한 문화정책들이 골고루 균형 성장할 수 있는 문화정책 실현도 필요하다. 문화민주주의를 위한 다양한 과제가 놓여 있는 가운데 문화 선진국으로서 새로운 문화정책 비전 수립이 요구된다.

# 국가의 경쟁력을 높이는 통합적인 관점의 책문화 정책

〈출판저널〉을 발행하는 책문화네트워크는 예비사회적기업으로서 2018년 12월부터 3년간 책문화 발전을 위해 다양한 활동을 해왔으며, 2023년 3월에 고용노동부 사회적기업으로 인증을 받았다. 우리 사회에 '책문화'라는 인식이 확산되었으며, 지금도 다양한 책 관련 축제에서도 '책문화'라는 용어를 익숙하게 사용하고 있다.

책문화생태계 담론은 2018년 일본 출판계로 수출되어 한국과 일본에서 동시에 단행본이 출판된 성과를 거두기도 했다. 지난 2017년 〈출판저널〉 창간 30주년 통권 500호를 기점으로 현재까지 '책문화생태계 좌담'을 기획하고 운영해 온 성과가 가시적으로 나타나고 있어 보람을 느낀다.

책문화 현장에 있으면서 출판이란 무엇인가를 생각한다. 영상 콘텐츠가 주류를 이루었지만 우리는 매일 글을 읽고 글을 쓴다. 출판의 과정과 형식이 디지털과 영상으로 바뀌고 확장되어 가고 있다. 출판의 개념을 시대의 흐름에 맞게 수정해야 한다. 출판은 종합적인 문화예술이다.

인간의 지식, 사상, 경험, 상상력, 창의력을 바탕으로 원고가 만들어진다. 저자가 쓴 원고는 그대로 시장에 상품으로 내놓을 수 없다. 편집자의 기획과 디자인으로 상품으로서의 가치를 담을 수 있는 편집과 제작과정을 거쳐야 한다. 전문성을 가진 출판사의 역량이 책의 품질을 만들어낸다.

지난 2022년 12월 16일 국회의원회관 3세미나실에서 '출판 외주·프리랜서 노동 환경 개선을 위한 국회 토론회'가 열렸다. 이 세미나는 정의당 류호정 의원, 안명희 전국언론노동조합 서울경기지역출판지부 지부장(출판노동조합협의회 의장), 윤성천 문화체육관광부 문화예술정책실장, 김도영 문화체육관광부 출판인쇄독서진흥과장, 조오현 고용노동부 산재보상정책과장, 대한출판문화협회 류원식 총무담당 상무이사(교문사 대표), 김원중 언론노조 서울경기지역출판지부 사무국장 등이 참석했다. 한국출판문화산업진흥원이 지난해에 발행한 〈출판산업 실태조사〉를 보면 5인 미만 출판사가 전체의 69%를 차지하며, 50인 이상 출판사는 2.4%이다. 2020년 기준 신간 1권을 출판하는데 자사

인력 2.3명, 외주 인력 1.7명이 참여한 것으로 밝혔다. 또한 출판사들이 연간 책 한 권을 출판하는데 지급한 지출액에서 인건비는 23.2%, 편집·디자인 외주비는 12.1%로 나타났다.

안명희 지부장은 출판 외주노동자를 예술인 복지법상 예술인으로 인정하고, 산재보험 당연 가입 대상을 출판 외주 노동자로 확대 필요성을 주장했다. 또한 출판문화산업진흥법에 참여단체로 출판근로자를 명시하고 출판 외주 노동자도 포함해야 한다고 강조했다. 토론회에 참석한 문체부 관계자는 출판 외주 노동 환경 정기실태조사, 표준계약서 마련 추진, 예술인복지법에 출판 노동자도 포함하겠다고 밝혔다. 이번 세미나는 책문화생태계를 구성하는 출판노동자들의 법적 안전망을 구축하는데 매우 중요한 공론의 장이 되었다고 본다. 우리가 당연히 해야 할 일들에 대해서 공론화가 시작되었다는 점에서 의미가 있고 앞으로 정치와 기득권 체제가 외면해 온 출판 외주 노동자들에 대한 관심을 출판을 통해서 가질 수 있는 기회가 되었으면 한다.

필자는 이십 대 초반부터 출판업에 종사해 왔다. 20년 넘게 책을 쓰고 책을 만들고 있지만 이에 대한 전문성을 국가에서 인정해 주지 않는다. 변호사, 의사 등 자격제도가 있는 것이 아니기 때문이다. 국립대에 '출판학과'라는 이름을 가진 학과가 단 한 곳도 없다는 것은 국가적으로 지식문화의 생산을 담당하는 인재양성제도가 부재하다는 것을 의미한다. '출판학'이라는 학문의 토대가 없으니 출판산업의 기반과 위상이 낮을 수밖에 없다. 이제라도 국립대에 '출판학과'를 두고 출판학의 위상을 만들고 출판산업의 토대를 갖추는 과정이 필요하다. '출판문화산업진흥법' 제5조(전문인력 양성의 지원)에 의하면, '①문화체육관광부 장관은 출판문화산업을 진흥하기 위하여 필요한 관련 분야 전문인력의 양성을 지원하여야 한다.'고 명시되어 있다. 법으로 인력양성 지원을 규정하였지만 법이 제대로 작동하지 않고 있다. 인력양성과 함께 출판 외주 노동자뿐만 아니라 출판계에 종사하는 출판 노동자들의 인권과 복지 향상을 위한 법과 제도가 정비되어야 한다.

윤석열정부가 정부 위원회들을 폐지하면서, 대통령소속 국가도서관위원회(전 도서관정보정책위원회)를 대통령 소속이 아닌 문화체육관광부 소관으로 둔다고 밝혔다. '도서관법' 개정으로 올해부터 도서관정보정책위원회 명칭이 '국가도서관위원회'로 바뀌었는데, 위원회 격하로 국가도서관위원회의 기능이 상실되었고, 문체부 소관으로 바꾸기 위해서는 또 '도서관법'을 개정해야 한다. 도서관은 국민들의 문화적 삶의 질과 연관된 기관으로서 정책이 뒷받침되어야 한다. 5년마다 수립하는 '제3차 도서관발전종합계획'이 올해 2023년에 종료되고 제4차 계획을 수립

해야 하는 시점인데 국가도서관위원회의 역할이 중단된 것이나 다름 없으니 앞으로 국가의 도서관 정책의 미래가 불투명하다. 국가도서관위원회의 정상적인 기능을 통하여 국민의 삶의 질을 높이는 도서관 정책이 마련되고 구현되어야 할 것이다.

정치적으로 사회적으로 국제정세로도 많은 변화가 일어날 것으로 보인다. 그 가운데 출판의 역할에 대해서, 책이 우리 사회에 어떤 변화를 일으킬 수 있는지에 대해서 성찰하고 긍정적인 에너지를 줄 수 있는 한 해가 되었으면 한다.

# 문화정책에서 공정과 정의는 잘 실현되고 있는가

대선을 앞두고 공정과 정의라는 가치가 장식품처럼 사용되고 있다. 빈 깡통이 요란하다는 옛말처럼 진짜 행세를 하는 가짜들이 공정과 정의를 운운하니 참 공허하다. 우리 사회가 외적 성장뿐만 아니라 내적 성장도 중요하다는 생각이다.

2022년 본예산 600조원 중 문화체육관광부 예산이 최초로 7조원을 넘었다. 7조원이라고 하더라도 본예산의 1% 수준이다. 국방부 예산이 총예산 중 9%를 차지하는 것에 비하면 문화강국이라고 하기엔 부끄러운 숫자이다.

문화가 특정 개인들이 사익을 추구하는 돈벌이용 수단으로 악용되어서는 안 된다. 문화는 산업이기 전에 문화의 공공성을 국민들에게 차별하지 않고 제공하는 공공복지로서의 역할을 하는 사회적 책임이 있다. 문화체육관광부 산하엔 많은 공공기관이 있고 관련 단체들이 있다. 지원은 하되 간섭은 하지 말라는 김대중 대통령의 문화정책 철학이 잘 지켜지기 위해서는 소수가 문화정책을 좌지우지 하지 않고 그들만의 특혜, 그들만의 리그가 되는 라운드가 되어서는 안 된다. 모두를 위한 문화정책으로 실현되어야 한다.

출판은 본질적으로 독자를 만드는 일이고, 문화콘텐츠 산업의 자양분이다. 안타까운 현실은 국가의 문화정책 예산은 1% 수준이고 그 1%에서 독서를 포함한 출판정책은 한 해 예산이 고작 500억원 수준이다. 이마저도 공공기관인 한국출판문화산업진흥원의 인건비 등을 제외하면 실질적인 출판정책 예산을 이야기한다는 것은 참 낯부끄럽다.

출판정책에 대한 국민적 호응을 이끌어내야 한다. 독자를 만들어 내고, 좋은 책을 쓸 수 있는 저술 환경, 해외 시장에 한국의 출판을 적극적으로 알리는 일을 정책적으로 해야 한다. 이러한 바탕에는 업계의 성찰과 자성이 필요하다. 근로환경 개선, 인재육성제도, 출판유통시스템 구축 등으로 구태에서 벗어나고자 하는 노력이 우선 되어야 한다.

지금 문화정책에서도 공정과 정의가 제대로 실현되고 있는가? 매년 10월이 되면 국정감사가 시작된다. 그러나 국정감사를 보면 국회가 민생 현장과 동떨어져 있다는 느낌을 많이 받는다.

삶의 현장에서 느끼는 많은 부조리, 불공정, 불평등에 대해서 정치인들은 얼마나 체감하고 있을까.

정치는 매우 세심해야 한다. 구체적이어야 한다. 거대담론도 중요하지만 미시적 관점도 놓쳐서는 안 된다. 국민세금으로 일하는 정부, 공공기관 등 문화 각 분야에서 특정 소수만 누리는 리그가 있다면 지적하여 바꾸어야 할 의무가 있다. 국민은 국민의 권리를 정치인들에게 대리하고 있는 것이다.

# 문화민주주위를 위한 출판개혁이 필요하다

 필자는 2006년 7월 11일 수석기자로 〈출판저널〉 편집부에서 일을 시작했다. 2008년 편집장, 2011년에 발행인으로 종사해왔으니 2023년 현재 햇수로 18년째 〈출판저널〉과 함께 하고 있다. 〈출판저널〉은 1987년 창간 당시 한국출판금고(현재 재단법인 한국출판문화진흥재단)에서 출판진흥을 위한 기금으로 발행되었으나 지원이 중단되어 휴간됐고, 2002년 발행처가 출판계 단체인 사단법인 대한출판문화협회로 이관되었다. 그러나 대한출판문화협회는 복간한 지 7년만인 2008년에 〈출판저널〉을 다시 휴간하였고 그해 겨울 12월에 수석에디터였던 필자가 〈출판저널〉 발행권을 양도받으면서 2개월 만에 복간하여 지금까지 휴간 없이 발행하고 있다. 발행하는 동안 문화체육관광부, 한국출판문화산업진흥원, 출판단체 등으로부터 지원금을 받지 않고 있다. 이는 순전히 〈출판저널〉 존재정신의 가치를 믿는 독자들, 필자들, 자문위원들, 그리고 편집자들의 헌신으로 가능한 일이다.

〈출판저널〉이라는 매체를 만들면서 필자가 얻은 소득은 우리나라 출판계 전체를 조망할 수 있는 관점을 가졌다는 것이다. 출판계뿐만 아니라 도서관, 서점, 독자, 문화콘텐츠까지 그 관계성과 연결성에 관심을 가지고 공부하고 연구하면서 '책문화생태계' 관점으로 우리 사회를 바라보는 눈과 심장을 가지게 되었다. 돈으로 살 수 없는 소중한 것들이 필자의 머릿속에 차곡차곡 저장된 것이다.

안타까운 점은, 출판계 혁신은 매우 더딜 뿐만 아니라 산업의 위기가 더욱 심화되고 있다는 점이다. 예를 들면 송인서적을 인수한 인터파크송인서적이 경영난으로 기업회생을 신청했다. 송인서적은 이미 두 번이나 부도를 냈으며 출판 및 지역서점들에게 큰 타격을 주었다. 그런데 대기업인 인터파크가 인수하였어도 견디지 못한 것이다. 왜 그럴까.

출판유통 혁신 과제는 지난 1980년대부터 제기됐다. 30년이 넘도록 아직도 해결하지 못한 해묵은 과제이다. 〈출판저널〉 1987년 7월 20일 창간사를 보면 "문화공간의 확대부터 유통구조의 합리화"라는 고 정진숙 초대 발행인(을유문화사 창립자)의 글에서도 나온다.

사람의 건강을 체크하는 요건은 신진대사가 원활하여 순환이 잘 되는가이다. 출판산업도 마찬가지다. 출판이 산업으로서 선순환 되기 위해서는 유통이 잘 되어야 한다. 책이 생산되어 소비에 이르기까지의 흐름이 막히지 않고 선순환됨으로써 산업의 기초체력을 튼튼히 하는 것이다. 업계의 건강한 혁신은 스스로 변화하고자 하는 자정작용으로부터 시작되어야 한다. 즉 업계 내부로부터의 개혁이 우선 필요하다. 출판유통의 건강성은 단순히 도매상이 살아남는 것 그 이상의 의미를 가진다.

그동안 출판유통은 악순환의 집합체였다. 밀어내기, 사재기, 도서정가제 위반, 베스트셀러 집착, 어음 거래, 서점의 판매 투명성 문제, 공급율 차별 등 다양한 문제들이 나타났다. 송인서적이 문방구 어음까지 주는 현실에서도 출판계 내부에서조차 문제제기를 하지 않는, 즉 내 몸이 아픈데 고칠 생각을 하지 않고 있었다. 출판계 밖의 환경(기술, 독자 등)은 날로 변화하고 있는데 출판계는 스스로 혁신하지 않으니 문제들이 쌓여서 고착될 수밖에 없고 이젠 올드미디어라는 꼬리표에서 벗어나지 못하고, 언제 사망할지 모르는 상태에 이르렀다.

2017년에 송인서적이 두 번째 부도가 났을 때 필자는 출판계가 자체적으로 출판유통을 위한 공공 인프라를 시급히 구축해야 한다고 주장한 바 있다. 제3자 인수는 아픈 곳을 도려내지 않고 무마하는 방식이기 때문이다. 인터파크가 송인서적을 인수한다고 했을 때 오래가지 못할 거라고 예상했다.

우리 출판계는 대부분 5인 미만 영세 사업장들이다. 대기업처럼 출판사가 유통시스템을 독자적으로 갖출 수 없는 구조이다. 따라서 출판계와 서점계가 힘을 모아서 출판유통 공공 인프라를 구축하여, 투명한 판매과정, 공정한 공급율, 현금 지불 등 선순환하는 구조를 만들어야 한다. 이러한 출판유통의 선순환 구조를 만드는 과정도 몇몇 사람들만 관여하는 것이 아니라 세대교체가 필요하며, 공개적이고 투명한 논의가 진행되어야 한다. 그동안 우리 출판계는 몇몇 사람들이 어젠다를 밀실에서 끌고 가는 형국인데 이들이 최고의 전문가라면 모를까 그것이 아니면 엉뚱한 목적지로 갈 수밖에 없다. 한국출판문화산업진흥원(이하 출판진흥원)에서 출판유통에 대한 논의가 있어 왔다고 하는데 도무지 이 내용에 대해서 아무도 모른다. 정책이 효율성이 있기 위해서는 정책 과정이 투명하고 공정하며 신속해야 한다. 또한 의견수렴 과정을 충분히 거쳐야 한다. 2018년부터 출판유통 통합시스템 구축 프로젝트가 시작되었는데 2단계까지 오는 과정에서 출판계에 공개적으로 의견 수렴을 실시하거나 공개 설명회를 하지 않았다.

특히 출판유통은 책문화생태계 관점에서 통합적인 시각으로 접근해야 한다. 개혁을 하려면 출판사, 서점 등 모두가 희생하고 양보할 각오가 되어 있어야 한다. 희생을 감수하고 혁신을 도모함으로써 장기적으로는 책문화생태계 주체들이 성장하고 발전하는 기반을 만들어야 한다.

서점에서는 책을 못 받고 출판사들은 서점에 우리 출판사 책이 없는 현실, 우리 출판사 책이 어느 서점에서 어떻게 팔렸는지 도무지 알 수 없는 불투명한 유통 방식 등 이러한 현실 속에서 결국 독자들을 계속 잃어가고 있다. 지속가능한 출판을 위해서는 앞으로 우리 출판계에 종사할 미래 출판인들에게 좋은 환경을 물려주는 것이다. 30년 전 해묵은 과제를 해결하지 못하면서 4차산업혁명 시대의 출판의 미래를 이야기하는 아이러니한 시대를 살고 있다.

코로나가 두려운 이유는 우리 눈에 보이지 않기 때문이다. 그만큼 존재성이 강한 것은 소란스럽지 않고 쉽게 보이지 않는다.

# 책문화생태계 관점에서 본
# 출판 거버넌스 방향

　한국출판문화산업진흥원(이하 출판진흥원) 노동조합(김신명 위원장)은 2019년 7월 18일 '출판진흥원의 다양한 이사진 구성 및 이사 사퇴'를 요구했다. 2018년 1월 17일 국회의원회관 제2소회의실에서 개최되었던, '출판문화산업의 지속가능한 발전을 위한 국회 정책토론회'에 참석하여, 토론자로 나온 문화체육관광부 미디어정책국장에게 출판진흥원의 특정 출판단체 중심의 이사회 구성에 대하여 문제 제기를 한 바 있었고, 국장은 다음 이사 선임 시 반영하겠다고 발언하였지만 반영되지 못하였다. 효율적인 거버넌스 운영을 위한 출판진흥원의 이사진 구성 방향을 책문화생태계 관점에서 제안해 보고자 한다.
　출판진흥원은 2012년 7월에 설립된 문화체육관광부(이하 문체부) 산하 기타공공기관으로서 출판산업 발전과 독서진흥을 위한 정책 실행기관이다. 출판진흥원은 2018년 경영평가에서 미흡(D)으로 평가를 받았다. 2019년 출판진흥원의 사업설명회 발표자료에 따르면, 출판진흥원의 총예산은 2014년 324억원, 2015년 411억원, 2016년 378억원, 2017년 410억원, 2018년 427억원이었으며, 2019년 올해 403억원으로 2015년 보다 더 줄어들었다.

출판진흥원 노조는 "진흥원의 현 이사회는 원장과 당연직 이사 2명을 뺀 7명 중 5명이 일부 출판단체 인사 위주로 구성되어 있어 출판문화생태계 전체 이익을 대변할 수 없는 구조이다. 이에 진흥원은 이사진을 독서, 유통, 인문, 인쇄. 저작권, 소비자 등 다양한 분야의 전문가로 구성할 것을 요구한다. 또한 사무처장에 대한 개방형 직위제도를 도입하라는 문화예술계 블랙리스트 권고사항을 무시하고 특정 출판단체 임원을 사무처장에 임명한 것도 문제다."라고 밝혔다.

책문화생태계 관점에서 이사회 거버넌스를 어떻게 구성해야 할까. 책문화생태계를 연구하고 있는 입장으로서 출판진흥원의 거버넌스 구조를 어떻게 실행해야 하는지 방안을 제시해 보고자 한다. 책문화생태계는 저자, 출판, 도서관, 서점, 독자를 모두 포용하고, 저술에서부터 독서에 이르기까지 건강한 책문화 환경이 조성되도록 정책, 교육, 사회 분위기 등이 모두 연결되어 협력하는 시스템이다. 이러한 시스템에서 가장 중요한 원칙은 각 주체가 제 역할을 잘하는 것이고, 주체들이 역할을 잘 하도록 정책, 교육, 사회분위기 등이 적극적으로 도와야 한다. 정부 중심의 중앙집권적 행정체계에서 벗어나 민관, 민관학 등이 협력하는 거버넌스 행정구조를 많이 채택하고 있다. 각종 위원회가 그 사례이다. 현장의 전문성과 다양성, 그리고 행정의 조정력이 결합하여 시너지를 얻기 위한 방안이다.

《거버넌스 신드롬》을 쓴 이명석 교수는, 거버넌스의 핵심은 문제를 해결하는 것인데, 사람을 통치하거나 관리하는 것이 아니라 사회문제를 통치하거나 관리하는 것을 의미한다고 설명한다. 특히 노벨경제학상을 받은 엘리노어 오스트롬은 정부의 간섭보다 자발적 협력을 통한 문제 해결이 더 효율적이라고 밝혔다(32쪽). 협력적 거버넌스란 '공공기관의 주도에 의한 자율적 행위자와 조직들 사이의 구조화된 상호작용을 활용하여 기존의 조직적 경계와 정책을 초월하여 새로운 공공가치를 창조하는 사회문제 해결 방식'(181쪽)이라고 정의하고 있는데, 협력적 거버넌스의 본질은 양방향 의사소통과 다자적 상호작용이며, 사익과 관련된 갈등 해결이나 분쟁 조정 등의 활동이 아닌 공공문제를 해결하고 공공서비스를 제공하기 위해 이루어지는 상호작용의 과정이 이루어져야 한다(179-181쪽).

공공기관인 출판진흥원이 추구해야 할 공공문제와 공공서비스는 무엇일까. 출판진흥원이 협력적 거버넌스를 추구한다면 이 사회를 어떻게 구성해야 하는지 해답이 나온다. 저술, 출판, 인쇄, 독서, 도서관, 독자, 학계, 저작권 등 다양한 이사진 구성이 이루어져야 한다. 출판진흥원장은 출판전문가로서 책문화를 전체적으로 이해하면서 출판진흥원의 양적 규모과 질적 규모를 성장시킬 수 있는 사람이어야 한다.

양적 규모란 예산 확보이며, 질적 규모란 책문화의 건강성을 추구하는 것이다. 이사회는 원장의 독단적 경영을 방지하고 합리적인 의사결정을 내리도록 조언하고 자문하며 감시하는 기능을 한다. 아무리 뛰어난 경영자라도 중요한 의사결정을 내리기 전에 다양한 의견을 경청해야 하는데 물리적으로 모든 사람들의 의견을 청취할 수 없으므로, 다양한 분야의 전문가를 이사회로 구성하여 다양한 의견을 청취하고 경영자로서 합리적인 의사결정을 내리는 데 도움을 받아야 한다. 출판진흥원의 노조가 문제를 제기한 사무처장 채용에 대한 내용과 관련하여, 사무처장의 채용과 임기에 대한 규정을 마련해 둘 필요성이 있겠다.

정부는 정책을 입안하거나 실행할 때 거버넌스를 구성하고 있는데 책문화생태계 관점에서 보다면, 거버넌스가 지향해야 할 가장 중요한 요소는 다양성이다. 출판진흥원의 정책 고객은 출판사, 독자, 도서관, 서점 등 책문화 관련 주체들이다.

좋은 책들이 생산되고 좋은 책을 읽을 수 있는 환경을 만들어주는 역할을 출판진흥원이 사명감을 가지고 일해야 한다. 출판진흥원의 현재는 결국 한국의 출판산업의 거울과 같다. 출판진흥원 내부 조직원들이 출판산업 진흥을 위해 노력해야 하는 것도 중요하고, 출판계 등 다른 이해관계자들과 협력하는 것도 중요하다.

건강한 책문화생태계의 다섯 가지 원리는 다양성, 균형, 공생, 공진화, 항상성이다. 이중 생태계는 항상성을 위해 자기조직화 과정이 일어나는데 출판진흥원 노조에서 진흥원 이사진 구성에 대하여 문제를 제기하는 것은 조직의 건강성을 찾아가는 과정이라고 본다. 출판진흥원이 진정으로 출판산업을 발전시키는 데 사명감을 발휘해주길 바란다.

출판진흥원은 원장뿐만 아니라 조직 구성원들이 책문화의 성장을 위해서 출판 현장의 목소리도 적극적으로 청취하면서 출판문화산업을 진흥시키는 조직으로 거듭나길 기대한다. 출판진흥원 조직의 건강성은 출판 전체뿐만 아니라 책문화의 건강성과도 연결된다. 출판진흥원이 안정화되도록 정부, 관련 전문가들의 합리적인 조정 과정도 필요하다.

출판진흥원이 비정상적인 상황에서 민간 및 학계의 전문가들이 조언하고 조기에 정상화하여 지속가능한 출판문화산업 발전을 위한 다양한 정책 발굴과 실행을 해야 할 필요성이 있다. 원장의 리더십과 함께 조직 구성원들의 팔로워십, 그리고 출판, 서점, 도서관, 독자, 서점 등 다양한 이해관계자들과의 네트워크와 협업을 통해 산업이 활성화되고 독서문화가 풍요로워지길 기대한다.

사회적 가치에 대한 중요성이 높아지고 있는 요즘, 출판진흥원은 단순히 출판산업의 매출 등 숫자를 높이는 것에 목적을 두지 않고, 우리 사회와 국가의 사회적 가치를 높이는 데 출판이 어떤 기여를 해야 하는가에 목적을 두어야 한다. 출판사는 책을 발행하고 우리 사회는 책을 읽음으로써 발전하는 토대를 갖는다. 출판이라는 단어의 속에는 이미 사회적 가치를 함의하고 있다.

# 문화민주주의를 위한
# 양성평등

 3월 8일은 '세계 여성의 날'이다. 미국의 여성 노동자들이 1908년 3월 8일 열악한 노동현장에서 숨진 여성들을 기리며 궐기한 것을 기념하는 날로, 당시 노동자들은 근로여건 개선과 참정권 보장 등을 요구했다. 이후 유엔은 1975년을 '세계 여성의 해'로 지정했고, 1977년 3월 8일을 특정해 '세계 여성의 날'로 공식화했다.

 한국은 2018년 법정기념일로 공식 지정했다. 1920년부터 나혜석·박인덕 등이 세계 여성의 날을 기념해 왔는데 일제의 탄압으로 맥이 끊겼다가 1985년부터 공식적으로 기념하기 시작했다. 2018년 2월 20일 여성의 날을 법정기념일로 지정한다는 내용을 담은 '양성평등기본법' 일부 개정안이 국회에서 통과되었고, 2018년부터 3월 8일이 법정기념일인 '여성의 날'로 공식 지정됐다.

양성평등기본법 마련 등으로 성평등에 대한 인식이 과거에 비해서 높아졌다고 하지만 아직도 여전히 노동현장 등 우리 사회에서는 구조적인 성차별이 아직도 존재한다. 문화현장은 어떤가? 2019년 11월 한국문화예술위원회 7기 위원의 최종 후보 16명이 발표되었는데 총 8명을 임명할 7기 최종 후보 16명이 전원 남성으로 구성되었고 5060 남성 중심이었던 문제가 대두되어 위원 위촉 관련하여 공론화가 있었다. 또한 출판계 연구 노동자로 일하던 필자의 지인은 새로 바뀐 경영자의 해고로 하루아침에 실업자가 되었고 욕설과 협박에 시달려도 5인 미만 사업장이라는 이유로 근로기준법에 적용받지 못했고 인간적인 모욕과 고통을 받아야 했다. 이 경우에도 '경영자 남성 - 노동자 여성'이라는 구조 하에서 이루어지는 구조적인 차별이다.

한국문화예술위원회의 5060세대 남성 중심 위원 후보들에 대한 공론화 과정은 매우 시사점이 크지만, 그 이후 문화체육관광부 산하 공공기관의 양성평등 인식은 어떤가? 문화체육관광부 산하 공공기관인 한국출판문화산업진흥원(이하 출판진흥원)에서 포럼 공지를 이메일로 받았는데, 사회자, 발제자 포함 모두 남성들로 구성됐다. 출판진흥원 10주년 기념으로 열리는 포럼이라고 하는데 이런 중요한 아젠다에 대해서 왜 남성들로만 스피커를 구성했을까 의문이 들었다.

2021년 〈출판저널〉 522호 '문화행정에서의 차별과 배제의 현실'이라는 칼럼에서 출판진흥원의 임원 구성에 대해서도 지적한 바 있다. 지난 2021년 출판진흥원 임원 10명 중 여성은 단 2명으로, 양성평등 정책에 따른 하나의 성이 60% 이상을 넘지 못한다는 규정도 지키지 못하고 있었다.

문화민주화를 가장 잘 지켜야 할 공공기관이 양성평등에 대한 인식이 이렇게 저조하다. 문화체육관광부는 양성평등 정책을 담당하는 양성평등정책관이 있고, 양성평등정책을 자문하는 양성평등위원회가 있는데, 왜 문화현장에서는 성평등이 잘 이루어지지 않을까?

국민세금으로 운영하는 공공기관인 한국출판문화산업진흥원이 특정한 기득권들만의 기관이 되지 않아야 한다. 예컨대, 군대나 경찰 내 토론회라면, 군인과 경찰에 남성이 압도적이니 그럴 수 있다고 치자, 그럼에도 그곳마저 여군과 여성경찰이 늘어나는 추세다.

서점에 진열된 책들의 저자나 참여자 성비율을 따져보라. 여성 저자들이 얼마나 많은가. 출판현장도 여성 노동자들이 많지만 이들의 목소리는 소외되어 왔다. 출판 현장에선 여성이 주체이거나 참여도가 그렇게 많음에도, 출판진흥원은 누가 주인인가? 누가 누가 나서서 발언을 해야 출판문화계의 문제와 비전

등에 대해서 현실감 있게 말 할 수 있을까? 인류 문명과 인문학의 바탕이 되는 출판문화는 남성들만의 전유물이거나 권력 독점 공간이 아님을 명심해야 한다.

출판진흥원은 국민세금으로 운영하는 공공기관이다. 특히 출판진흥원 창립 10주년을 기념하는 포럼이라면 주제 발표에 대해서 발표자 공모를 하고, 모든 사람에게 기회가 평등하게 주어지는 열린 정책을 실행해야 한다. 그리고 출판문화계에 소외되어 왔던 목소리를 들어야 그 진정성이 통하지 않을까.

1908년 3월 8일 미국의 여성노동자들은 "우리에게 빵과 장미를 달라"고 외쳤다. 빵은 남성과 비교해 저임금에 시달리던 여성들의 생존권을, 장미는 참정권을 뜻한다. 한국은 여성들에게 참정권은 주어졌지만, 현장에서는 여성들이 역량을 발휘할 기회를 차별받고 배제되어 오는 현실이 안타깝다. 참정권은 정치적 참정권뿐만 아니라 내 의견을 말 할 수 있는 참여적 의사결정권도 포함된다고 생각한다. 남성들에게만 말할 수 있는 권리를 누가 주었는가?

출판진흥원의 임원 구성이 여성 비율이 적고, 포럼에 발표자가 남성 중심이라는 점에 대해서 문제의식을 갖지 않아 온 것에 대한 출판문화계의 오피니언 리더들의 반성이 먼저 필요하다. 또한 문화체육관광부가 추진하는 양성평등 정책이 현장 밀착형으로 개선되어야 한다. 정책 따로 현장 따로 현상이 사소하지만 큰 문제를 야기한다. 주무부처인 문화체육관광부가 산하 공공기관들의 양성평등 실천에 대해서 관리 감독하고, 개선해 나가도록 해야 한다.

양성평등법이 있지만, 이에 대한 관심이 없을 뿐만 아니라 양성평등을 지키지 않음에도 문제의식이 없는 출판진흥원 공공기관장의 인식은 매우 큰 문제이며, 공공기관 경영평가시 양성평등을 지키지 않는 공공기관에 대해서 엄격하게 평가해야 하는 제도 마련도 필요하다. 공공기관인 출판진흥의 실질적인 양성평등과 문화민주화가 필요하다.

# 문화행정의 민주주의

새해는 항상 새롭지만 송년은 매번 비슷비슷한 감정을 준다. 가장 다가오는 감정은 아무래도 아쉬움이지 않을까. 3년째 코로나와 함께 보냈다. 코로나가 처음 불어닥친 2020년 그해를 생각한다. 새로운 한 해를 맞이하면서 꾸었던 희망은 코로나로 인하여 연기처럼 사라지고 대신 새로운 길들이 만들어지곤 했다. 어쩌면 우리 모두는 쉽지 않은 길을 서로를 위로하면서 걸어야 하는, 사람에 대한 은근한 그리움을 느끼면서 살아온 셈이다. 사람을 만날 수 없는 시간에 책을 읽고 여행을 가고 싶은 시간에 책으로 대신 여행을 떠나는 시간들이었다. 코로나 시대에 책이 우리에게 주는 선물은 무엇이었을까 생각해 본다.

〈출판저널〉을 발행하는 책문화네트워크는 책문화의 사회적 가치를 전파하는 활동을 통해서 건강한 사회를 만들고자 노력하고 있다. 국민독서율이 점점 급격하게 떨어지고 있으며, 사람들은 책보다 영상에 더 매력을 느낀다. 접근성 측면에서도 책보다 스마트폰에서 접하는 영상콘텐츠에 더 익숙하다. 매체 수용 환경이 변하더라도 책을 읽는 국가가 선진국이라는 점을 볼 때 우리나라가 책을 읽지 않는 나라가 되는 현실이 매우 안타깝다. 말과 글은 사람의 정체성이며 국가의 경쟁력이다. 우리 사회 전반적으로 리터러시 문제가 심화되고 있는 것도 책과 멀어지는 현상에 있다.

환경적 측면에서 보자면 미디어에서는 주로 정치 관련 뉴스를 쏟아낸다. 정치평론가들의 말잔치가 난무한다. 시청자들에게 생각할 겨를을 주지 않는다. 사람들이 말을 많이 하지만 읽지 않는 시대가 되었다.

다양한 방송 채널이 많지만 그중 왜 책전문 채널은 없을까? 국민세금으로 운영하는 공중파 방송에서도 책방송은 메인 프로그램이 아닌 주변에 머물러 있다. 형식적이라도 책프로그램이 있으면 다행이지만 그마저도 책방송을 찾기 힘들어졌다. 미디어에서 책문화를 접할 수 있는 환경이 너무 열악하다.

필자는 유튜브 채널 〈정윤희의 책문화TV〉를 진행하고 있다. 북클럽 독서당, 저자와의 북토크, 도서관 이야기, 정오의 신간언박싱 등 책과 관련한 프로그램을 진행하면서 우리 사회의 책문화에 대해서 생각해 본다.

도서관은 어떨까? 정책적인 측면에서 보면, 대통령 소속 국가도서관위원회가 문화체육관광부 소속으로 위원회의 위상이 격하되었다. 선진국에 가면 도서관 문화가 발달해 있다. 지역의 커뮤니티 중심으로서 도서관이 큰 역할을 하고 있다. 광역 단위의 대표도서관, 지역의 공공도서관, 마을의 작은도서관, 초중고 학교도서관, 대학의 대학도서관, 기업의 전문도서관, 군대의 병영도서관 등 도서관은 시민들의 일상에서 매우 중요한 공간이 되어야 한다.

지난 2022년 9월 6일 문화체육관광부(이하 문체부)가 '도서관법 시행령' 전부개정령안을 공고하였는데, 시행령 개정안 중 '도서관 시설 및 자료의 기준'에서 작은도서관을 국공립 작은도서관만으로 한정하여 사립작은도서관의 법적 지위가 모호해지는 문제가 발생했다. 사립작은도서관을 배제하는 도서관법 시행령 전부개정령안 반대 서명운동이 일어나기도 했다. 이러한 과정을 보면서 법을 제정하거나 개정할 때 다양한 이해관계자들의 입장을 듣고 공청회를 하고 법안을 만들어야 하는 것이 기본인데 토론하고 협의하는 과정이 빠지게 되었을 때 당연히 갈등이 생길 수밖에 없다.

공공기관인 한국출판문화산업진흥원 이사회 구성 관련하여서도 협력적 거버넌스를 추구해야 하지만 특정 출판단체 중심의 임원들이 이사회를 점유하다보니 출판업계의 다양한 의견은 무시될 수밖에 없으며 연대와 협력보다는 갈등을 유발하는 원인을 낳게 된다.

필자는 지난 2022년 11월 25일 한국출판학회에 발표를 하였는데 주제가 '책문화생태계 활성화를 위한 거버넌스 : 한국출판문화산업진흥원의 협력적 문화거버넌스를 위하여'였다. 2017년부터 2022년까지 공공기관 경영공시 사이트에 등록된 자료를 바탕으로 정리를 해 본 결과, 특정 단체중심, 남성 중심의 이사회가 구성된 것으로 파악되었다. 협력적 거버넌스를 추진해야 하는 공공기관이 특정단체 임원들 중심으로 이사회를 구성하여 운영하고 있다는 점은 공공기관으로서 공공성을 스스로 훼손하는 일이다.

문화행정의 민주주의가 필요하다. 어느 특정한 개인, 특정한 단체, 특정한 대상을 위해 정책이 마련되고 구현되는 것은 문화민주주의가 아니다. 모두에 의한 모두를 위한 문화행정을 실천하는 방향으로 개선이 필요하다.

# 출판의
# 시대적 사명

"누군가는 껍질을 깨고 균열을 일으켜야 한다"

 사회운동가로서의 예술활동을 하고 있는 아스거 욘의 말이다. 이 문장을 읽으면서 우리 한국의 출판은 "사회운동가로서 출판활동을 하고 있는가?"를 자문해 본다. 오랜 역사 속에서 출판이 개혁, 혁신, 진보의 역할을 담당해 온 점에서 본다면 출판이라는 행위 자체가 본질적으로 사회운동가로서의 활동이라고 본다.
 한국의 출판 근현대사는 우리의 정치, 경제, 사회 등 다양한 변화 속에서 함께 몸부림을 하며 현재까지 이르렀다. 이 시대의 출판인으로서, 출판의 지속가능성을 연구하고 있는 연구자로서 〈출판저널〉을 발행하고 있기 때문에 출판의 시대적 사명이라는 과제에 대하여 더욱 숙연해진다. 이러한 관점에서 〈출판저널〉에 종사하면서 많은 질문들이 쌓여 갔다.

"왜 우리 출판은 반복적으로 드러나는 문제를 해결하지 못하고 또 이야기 하고 있는가?"

"왜 비판은 많은데 대안을 말하지 않는가?"

"왜 발제와 토론을 항상 같은 사람들이 10년 이상 같은 말을 반복하고 있을까?"

"왜 출판인들은 스스로 〈출판저널〉을 포기함으로써 독자와의 소통을 단절시켰는가?"

"왜 출판계와 도서관계는 협력하지 못하는가?"

"왜 출판사들이 사재기를 하는가?"

"왜 출판계는 지난 30년간 불투명하고 불공정한 출판유통 방식을 바꾸려고 하지 않는가?"

"왜 평론가다운 출판평론가는 없는 것일까?"

"왜 출판사들은 독자들이 책을 안 산다고 화를 낼까?"

"왜 출판, 도서관, 독서정책은 연계되지 못할까?"

"왜 정부와 국회는 출판의 미래에 대하여 적극적인 관심을 가지지 않을까?"

"왜 우리의 출판은 정의롭지 못하는가?"

"왜 베스트셀러에만 집착하는가?" 등등.

많은 질문들은 해답을 찾아가는 과정으로 이어졌다. 2017년 〈출판저널〉 창간 30주년의 해를 맞이하면서 출판뿐만 아니라 저자, 서점, 도서관, 독서운동 등 책문화와 관련한 주체들의 유기적인 연결과 정부의 정책 지원 등 출판 외부 환경과의 상호작용을 통하여 긍정적인 혁신이 필요하다는 생각을 하게 됐다.

출판의 시대적 사명은 출판인에만 해당하지 않는다. 출판인, 저자, 사서, 서점인, 독자, 정부 등 책을 둘러싼 모든 주체들이 출판의 시대적 사명에 대하여 관심을 가져야 한다. 왜냐하면 책을 중심으로 한 우리 사회 공동의 문제이기 때문이다.

그렇다면 한국 출판은 시대적 사명으로 무엇을 추구하며 실천해야 하는가? 이러한 사명의식은 한 국가의 문화, 공기와 같기 때문에 출판정책과도 연관되어 있다. 한국의 출판정책의 역사는 1961년 '출판사및인쇄소의등록에관한법률'부터 시작되었으나 규제정책이었고, 1990년 문화부 설립 이후 2002년 '출판진흥법'이 제정되면서 본격적으로 문화적 측면에서 출판 진흥을 위한 출판정책이 시작되었다.

이렇게 짧은 출판정책의 역사 속에서 출판의 시대적 사명이라는 거대한 담론이 정착되거나 확산되기에는 역부족일 수 있다. 그러나 한국 출판역사의 본격적인 성숙기를 맞이하면서 출판이 시대적 환경에 허덕이면서 따라가는 것이 아니라, 출판이 시대와 역사, 그리고 다양한 미디어를 포용하며 견인하는 출판 리더십을 가져야 할 때이다.

출판의 시대적 사명을 세 가지로 제언하고자 한다.

첫째는 출판윤리이다. 역사적인 사건을 거짓으로 기록하거나, 표절하거나, 대필작가를 통해 내 글인 것처럼 출판하거나, 책을 출판하는 행위가 개인의 이익을 목적으로 하는 수단으로 활용되기도 한다. 출판의 윤리를 지키기 위해서 대필작가를 쓰게 될 경우에도 대필작가명도 판권에 적시해야 할 필요가 있다. 책이 독자의 정신에 영향을 미친다는 점에서 그렇다. 인터넷 시대가 되면서 출판의 디지털화가 진전되었고 종이책이라는 물성의 변화가 이루어지면서 콘텐츠라는 용어가 탄생하게 되었다. 스마트 미디어 시대에서 개개인들은 다양한 정보, 지식, 소소한 일상생활, 취미 등을 블로그, 팟캐스트, 유튜브 등에 콘텐츠를 생산한다.

'인간의 창의적인 정신활동의 존재적 표출'이라는 출판의 본질적인 측면에서 이러한 흐름이 종이책을 기반으로 하는 전통 출판에 어떤 영향을 주게 될지, 그리고 이러한 시대적인 미디어 변화, 콘텐츠 소비 방식의 변화 속에서 구분하고 나누기 보다는 출판은 확장성을 가지고 타 미디어를 포용함으로써 출판을 포함한 미디어, 문화를 견인하는 리더십, 출판윤리의 중요성을 알리는 역할을 해야 한다.

둘째는 정의를 추구하는 출판이다. 출판은 우리의 역사, 우리 사회를 바르게 기록하고 독자들에게 알림으로써 정의를 추구해야 한다. 출판은 인간 정신활동의 존재적 표출이라는 점에서 정의를 추구하는 것은 모든 인간 사회가 희망하는 것이다. 우리 사회의 정의를 바로 세울 수 있는 출판물의 기획과 저술이 지속되고 독자들이 그러한 책을 읽음으로써 인간다운 사회를 만드는 데 일조해야 한다. 결국 출판의 저널리즘 추구인데 왜곡된 역사를 바로잡는 일, 그리고 깨어 있는 시민의 힘을 모으기 위해서는 정의를 추구하는 출판을 실천해야 한다.

셋째는 경제적 가치와 사회적 가치를 함께 실현하는 출판이다. 출판의 본질에도 나타나듯이 출판은 독자와의 공감을 통해서 존재 가치가 드러난다. 전체적인 출판산업은 위축되어 가고 있으며 국민독서율은 계속 낮아지고 있는 현실 속에서 출판은 시대적 사명을 다하고 있는가 성찰해 볼 필요가 있다. 정부와 출판계가 출판의 역사를 기록하고 독자와의 소통을 위해서 창간한 〈출판저널〉을 수익이 나지 않는다는 이유로 휴간시키는 것은 출판의 본질이 무엇인가에 대한 성찰이 없었기 때문이다. 출판은 산업과 문화라는 두 가지의 가치를 실현해야 하는 과제를 숙명적으로 안고 있지만 앞서 제언한 두 가지, 즉 출판윤리와 정의를 추구하는 출판의 사명을 실천함으로써 경제적 가치와 사회적 가치가 자연스럽게 따라오는 결과가 될 것이다.

결국 출판의 시대적 사명은 책문화생태계 관점에서 총체적으로 봐야 한다고 보는데, 출판의 시대적 사명은 출판인뿐만 아니라 저자, 독자, 도서관 사서, 서점인, 학자 등이 함께 빅픽쳐를 그리고 공유하고 실천해 나가야 한다. 공공기관인 한국출판문화산업진흥원의 임직원들도 출판의 시대적 사명이 무엇인가를 성찰함으로써 출판정책을 수립하고 실행하여야 하며, 대한출판문화협회 등 출판단체들도 출판이 우리 사회에 어떤 가치로 사회공헌을 하고 있는가에 대하여 성찰이 필요하다.

이제는 혁신과 공생을 위한 출판철학으로 협력을 해야 할 때이다. 말이나 구호로서만 외치는 협력이 아니라 실질적인 행동으로 보여주고 긍정적인 결과로 나타나야 한다. 긍정적인 결과는 우리나라의 문화 수준이 높아지고, 독서율이 올라가고, 도서관 이용자들이 늘어나고 출판산업이 성장하는 것에 그치는 것이 아니라 국내 저술가가 풍성해지며, 사회가 더 밝아지고, 더 정의로워지고, 더 풍요로워지는 좋은 사회로 성장하는 데 있다.

출판의 시대적 사명이 절실한 지금, "누군가는 껍질을 깨고 균열을 일으켜야 한다!" 그 누군가는 어느 한 개인이 아닌 바로 '우리'이다.

# 독서정책에
# 잡지읽기도
# 포함해야 한다

　지속가능한 책문화생태계 연구의 핵심은 책문화를 생태학적인 관점으로 보는 것이다. 최근에는 생태이론의 확장성으로 '생태학적 상상력'이 관심을 받고 있는데, 생태학적 상상력이란 생태계에 살아가는 모든 생명체는 물론 일상에서 만나는 모든 사물이나 도구가 우리와 한몸이기 때문에 관계 없는 것은 아무 것도 없다는 데 근거를 두고 있다. 사람이든 사물이든 세상의 모든 존재가 다 연결되어 있는 '관계론적' 입장으로 바라보는 것이 생태학적 상상력이다.

　잡지미디어도 책문화와 밀접하게 관련이 있다. 잡지에 연재된 콘텐츠들이 단행본으로 출간되는 가치사슬 측면에서 본다면 잡지는 콘텐츠의 저장고 역할을 한다. 다양한 분야의 양질의 콘텐츠가 저장되어 숙성 기간을 거쳐 단행본으로 출간되고 독자들에게 소비되는 순환 과정을 볼 때 잡지 미디어가 갖는 의미가 매우 크다.

잡지가 갖는 가치는, 우리가 살고 있는 시대의 기록, 다양한 콘텐츠의 저수지 역할, 다양한 산업 분야의 발전을 위한 전문 콘텐츠 생산, OSMU의 원천 콘텐츠 등이다. 따라서 잡지 미디어가 더 좋은 콘텐츠를 기획 생산하고 많은 독자들이 접할 수 있는 환경 조성이 필요하다. 환경 조성은 잡지를 발행하는 발행사의 역량과 노력도 중요하지만 정부의 정책적 관심도 필요하다. 잡지 미디어 정책은 많은 부분에서 소외되고 있는데, 특히 정부가 독서문화진흥을 위해 제정한「독서문화진흥법」측면에서 어떻게 소외되고 있는지 보자.

2007년 4월 5일 독서문화진흥을 위하여「독서문화진흥법」을 개정하고, 제1조(목적)에서는 '독서 문화의 진흥에 관한 기본적 사항을 규정하여 국민의 지적 능력을 향상하고 건전한 정서를 함양하며 평생 교육의 바탕을 마련함으로써, 국가 경쟁력을 강화하고 국민의 균등한 독서 활동 기회를 보장하며 삶의 질을 개선하는 데 이바지함을 그 목적으로 한다.'고 밝히고 있다.

독서문화진흥법 제2조(정의)에서는 "독서 문화"란 문자를 사용하여 표현된 것을 읽고 쓰는 활동을 중심으로 하여 이루어지는 정신적인 문화 활동과 그 문화적 소산을 말한다.

"독서 자료"란 문자를 사용하여 표현된 도서·연속간행물 등 인쇄 자료, 시청각 자료, 전자자료 및 장애인을 위한 특수 자료 등 독서 활동에 필요한 자료를 말한다.

문화체육관광부는「독서문화진흥법」에 따라 5년마다 독서문화진흥기본계획을 수립하여 시행하고 있다. 2008년 6월 10일 제1차 독서문화진흥기본계획을 수립하여 2018년까지 제2차 계획이 시행되었으며, 2018년 12월현재 제 3차 독서문화진흥기본계획(2019-2023) 수립 중이다. 제 2차까지 10년간 도서 중심으로 독서문화진흥기본계획이 수립되어 왔으며, 제 3차 독서문화진흥기본계획에도 연속간행물 등의 독서문화 진흥은 계속 제외되고 있는 실정이다.

문화체육관광부에서 독서정책을 총괄하는 부처는 미디어정책국의 출판인쇄독서진흥과이다. 잡지는 미디어정책국의 미디어정책과에서 담당하기 때문에, 독서담당을 하는 공무원도 독서의 대상을 도서로만 규정하고 독서진흥기본계획을 수립했다.

「독서문화진흥법」정의에서 보듯이 독서는 도서뿐만 아니라 연속간행물인 잡지도 포괄해야 한다. 문화체육관광부가 2018년을 책의 해로 정하여 독서정책을 펼쳤는데 집행위원회에 잡지 관계자는 단 한 명도 없었고 따라서 잡지에 대한 읽기 정책은 철저하게 소외되었다.

지난 10년간 정부가 추진해 온 독서문화기본계획에 잡지라는 이유로 차별받고 배제되어 왔으며 양질의 잡지 콘텐츠가 더 많은 독자들과 만날 수 있는 기회를 박탈당하였다고 볼 수 있다. 양질의 잡지 콘텐츠가 독자를 만나고 더 좋은 콘텐츠가 생산될 수 있는 책문화생태계를 위하여 제 3차 독서문화진흥기본계획에 도서의 기반이며, 문화의 기반이 되고 있는 잡지도 추진 과제에 반드시 포함시켜 잡지 읽기에 대한 진흥도 함께 이루어질 수 있도록 해야 한다. 특히 앞으로 독서문화기본계획 수립시 TF에 잡지 관련 전문가도 반드시 포함해야 한다.

이에 대한 내용을 제1기 정기간행물자문위원회 위원으로 활동했을 때 제3차 독서문화진흥기본계획에 잡지 읽기 진흥에 대한 내용도 포함해야 한다는 안을 만들어 문체부 출판인쇄독서진흥과 담당 사무관에게 전달했다.

한편, 2018년 12월 26일 오후 2시 디지털도서관 대회의실에서 열린 2019년부터 5년간 시행되는 제3차 독서문화진흥기본계획 공청회가 열렸다. 3차 계획에는 대중매체를 활용한 독서 가치 소통에 방송, 신문, 잡지 등으로 잡지를 포함시켰지만, 과연 제대로 시행될지 의문이다. 제2차 독서문화진흥기본계획이 시행된 지난 10년간 배제되었던 잡지에 대한 관심이 제3차 계획에는 꼭 반영되길 바란다.

# 책문화 정책을 제언한다

책문화생태계 담론을 처음으로 만들고 연구해 온 전문가로서 20대 대통령이 추진해야 할 문화예술정책 중 책문화 정책에 대해서 제언하고자 한다.

'책문화'는 저술, 출판, 번역, 인쇄, 도서관, 서점, 독서 등 책 콘텐츠가 창작되어 소비되기까지 모든 영역을 포괄하는 개념이다. 그동안 각 영역마다 개별적으로 정책이 마련되고 시행되고 있는데, 앞으로 이러한 정책들이 연결되고 통합됨으로써 정책의 효과와 성과를 높여야 한다. 앞으로의 문화예술정책은 연결하고 통합하는 정책, 문화예술 창작·생산·종사자와 문화예술을 향유하는 국민들이 모두 만족하는 정책, 문화예술이 고용 창출에도 이바지 하는 정책으로 추진되어야 할 것이다.

차기 정부는 문화강국 대한민국을 위해 통합적인 책문화정책을 추진함으로써 문화종사자들과 국민들이 모두 풍요로운 삶을 위한 문화예술정책을 실현해야 한다. 전반적인 문화예술정책의 전환을 생각하며, 필자는 다음 정부에 책문화 정책으로 크게 세 가지를 제언한다.

　첫째, 효율적이고 통합적인 책문화 행정으로서 책문화 정책의 철학과 비전을 확립하는 것이다. 이를 위해 ①대통령 직속 국가책문화위원회 신설을 제언한다. 책문화는 문화예술정책, 교육정책, 학술정책 등 다양한 분야의 정책 협력이 필요한 분야이다. 이에 따라 국가책문화위원회 설치를 통해 국가 차원에서 책문화를 조성하기 위한 정책을 조율하고 자문한다. 또한 중앙과 지역의 정책 소통으로 지자체도 책문화 정책을 주도적으로 추진하여 책문화 정책의 균형 발전을 도모한다. ②문화체육관광부의 '책문화정책국' 설치로 통합 행정을 제언한다. 문화체육관광부에 '책문화정책국'을 설치하여 저술, 출판(전자책), 도서관, 서점, 독서, 번역, 출판수출 등 책문화 관련 정책을 통합적으로 수행함으로써 정책의 현장감을 높이고 효율성을 기대한다. ③책문화 예산, 문체부 예산 중 10% 수준으로 향상해야 한다. 출판, 도서관, 독서 등 책문화 관련 예산을 문체부 예산에서 10% 수준까지 확보해야 한다(예 : 2022년 문체부 예산 7조 3,968억원. 이중 책문화 예산 약 7천억원으로 현재의 약 2배).

둘째, 책문화생태계 선순환을 위한 공공인프라 구축으로 책문화분야의 창작자들과 종사자들에게 자긍심을 주며 문화예술의 근간인 책문화생태계에 활력을 불어넣는 것이다. 책문화생태계 선순환을 위한 공공 인프라 구축을 위해 ①대학의 출판학과 설치 및 출판번역대학원대학교 설립이다. 출판 등 관련 산업을 이끌어갈 전문인력을 양성하는 출판학과(최소한 국립대 2곳) 설치하여 현장 전문인력을 양성한다. 또한 출판학 연구 전문인력, 해외 수출(번역자양성 등) 전문인력 양성, 지속가능한 책문화산업을 연구하는 출판번역대학원대학교 설립하는 것을 제언한다. ②국가출판번역원 설치이다. 출판번역인력 양성, 번역출판(국내서, 해외서) 지원을 통해 출판콘텐츠의 해외 수출 활성화를 촉진시키는 것이다. ③지역출판 활력을 위한 지역거점 책문화 클러스터 구축이다. 지역문화를 기록하고 전파하는 지역거점 책문화 클러스터 구축으로 지역문화예술 활성화, 지역의 대표도서관과 연계한 복합 커뮤니티 구축이 필요하다. ④5년 내 공공도서관 2000곳까지 확대하는 것이다. 2020년 기준 공공도서관은 1,172곳으로 5년 임기동안 2000곳까지 확충하여 독서문화 향유 시설 확충(OECD 기준 1관당 국민봉사수 도달), 도서관 이용자들을 위한 실질적인 도서관 서비스를 제공하기 위해 정규 사서 확대 배치도 해야 한다. ⑤책문화 노동자들의 고용안정 보장과 노동을 존중하는 문화를 만들어야 한다. 출판산업에 종사하는 노동자들은 대체적으로 10인 이상 사업장에서 근무하거나 프리랜서 노동자들이 많다. 이러한 노동환경을 감안할 때 책을 만드는 노동자들이 안정감을 갖고 노동의 정당한 보상과 처우를 받는 근로환경을 만들어야 한다.

셋째, 전국민 독서문화기본권 보장으로 지역에서 풀뿌리 책문화가 자연스럽게 피어나도록 하는 것이다. 독서기본권 보장과 독서수요 창출을 위해서는 ①전국민 독서기본권 보장을 함으로써 '내 손안의 책' 정책으로 아이부터 어르신까지 내가 읽고 싶은 책을 마음껏 읽을 수 있도록 지역의 도서관을 중심으로 풀뿌리 독서문화 및 창작 지원을 해야 한다. ②유아, 어린이, 청소년, 청년, 성년, 노년 등 독서 리터러시 지원 강화이다. 특히 미래세대인 아동과 초중고 청소년의 문해력 강화를 위해 공교육 현장의 '독서지도교사' 배치 지원이 필요하다. ③도서구입비 소득공제 상향 조정 및 잡지구입비 소득공제 포함이다. 도서구입비 100만원 한도의 소득공제율 현행 30%에서 50%로 상향 조정해야 하며, 또한 잡지구입비도 소득공제에 포함시켜야 한다. ④독서기본권을 보장하는 도서구입비 지원 등이다. 개인당 연간 10만원 상당 도서구입비를 지원하여 독서기본권을 보장하고 지역

서점 이용 쿠폰 지원을 통해 지역서점의 상생을 도모한다.

이상과 같이 책문화 정책을 제언해 본다. 우리나라는 고려시대 전쟁 시에도 팔만대장경을 완성할 정도로 기록과 출판을 중요하게 여긴 책문화 정신을 지니고 있다. 책문화는 문화예술의 토대이다. 보다 실질적이고 현장감 있는 정책 실현으로 책문화의 창작과 향유가 즐겁고 의미있는 가치를 만들어내야 한다. 책문화정책으로 우리 국민이 삶을 좀 더 풍요롭게 만드는 문화강국을 기대한다.

# 건강한 책문화생태계를 위한 문화정책

〈출판저널〉에 종사하면서 출판사, 도서관, 서점, 독자 등 현장에서 우리 출판이 나가야 할 길에 대하여 모색해 보고 객관적인 입장과 공공적인 시각에서 출판계를 들여다보는 훈련이 자연스럽게 되었다. 출판산업, 출판문화에서 확장하여 독서, 저술, 유통 등 책과 관련한 산업과 문화를 구성하는 요소를 모두 포함하는 '책문화' 개념으로 볼 필요성이 있다. 이러한 책문화 생태계의 건강한 선순환 구조를 위한 정책 실현이 필요하다.

책문화생태계Publishing& Reading Network Ecosystem란 '책'이라는 유형 및 무형콘텐츠가 다양하게 기획/창작되고 독자인 소비자에 이르기까지 출판생태계-유통생태계-소비생태계-독서생태계의 가치사슬 네트워크와 정책과 기술적 환경들이 상호작용함으로써 출판생태계에서부터 독서생태계까지 선순환하는 체계라고 정의하고자 한다.

그동안 출판산업을 생산자(공급자) 입장에서 출판을 바라보았다면, 이제는 소비자(독자) 입장에서 출판의 역할을 찾아야 하는 시대적인 요구 앞에 서있다. 또한 중앙집권적인 출판정책에서, 지역출판의 균등한 발전을 위한 정책도 매우 필요하다. 지역의 역사와 문화를 아카이브 할 수 있는 가장 기초적인 과정이 출판의 과정이다. 지역의 문화와 역사를 기록하고 아카이브 할 수 있는 지역출판 정책과 실현이 필요하다. 문화체육관광부는 지역정책국을 신설하여 지역에 대한 관심을 보여주고 있으며 문화체육관광부 산하의 생활문화진흥원이 지역문화진흥원으로 개명을 하여 지역에 대한 키워드에 방점을 찍었다.

출판인들의 관심사는 독자가 누구인지, 또한 독자가 어디에 있는지, 즉 '독자 찾기'이다. 개별 출판사들이 적극적인 마케팅을 통하여 독자를 찾고 시장을 만들어 냄으로써 산업의 발전시키는 일이 중요하다. 그러나 사실 독자 찾기는 우리나라처럼 1인출판사들과 중소출판사들이 대부분인 산업에서는 불가능한 일이다. 시장 판매 정보와 독자의 니즈를 분석하여 데이터베이스화 해 놓으면 그 데이터를 바탕으로 출판기획을 할 수 있고 책과 독자들의 니즈를 연결해주는 시스템이 가능해진다. 독자는 어떤 책을 읽어야 할지 정보가 필요하다. 출판과 독서는 톱

니바퀴처럼 상호작용을 하면서 발전해 나가야 한다. 결국 출판-유통-소비가 선순환이 되는 건강한 책문화생태계 조성이 필요하다.

**에필로그**

# 모두를 위한 모두에 의한, 그리고 사람을 살리는 문화민주주의

 책을 짓는 일은 농사를 짓는 일과 같다. 그래서 출판인은 농부와 같다. 땅에서 일군 농산물이 건강한 밥상에 올라오기까지 물리적인 시간뿐만 아니라 농부의 혼과 정성이 들어간다.
 출판을 하는 일도 그렇다. 한 권의 책을 쓰는 일은 쉽지 않다. 그리고 그 책이 독자들에게 전달되기까지 많은 시간과 정성이 들어간다. 그래서 책을 쓰고 책을 만드는 일은 알찬 열매를 맺기 위해 준비하는 농부의 마음과 같다.

 출판은 책을 기획하여 편집하고 상품으로 만들어내는 출판사뿐만 아니라 책을 저술하는 저자, 도서관, 서점, 그리고 독자까지 폭넓게 연결되어 있다. 이러한 연결의 흐름이 건강한 선순환이 될 때 책문화생태계가 지속가능하고 풍요로워진다.

문화는 정치적 아젠다로 크게 주목받지 못한다. 정치권에서도 책문화 분야는 관심 밖 사안이 된다. 표도 안 된다고 한다. 문화는 경제적으로 형편이 좋은 사람들만의 일로 치부되기 쉽고, 먹고사는 일과 거리가 멀다고 생각하기 때문이다. 그러나 생각해 보면 우리가 아침에 눈 뜨고 잠들 때까지 우리는 모두 문화생활을 하고 있으며, 문화로 생계를 이어가는 사람들도 많다.

생각해 보면 우리는 태어나 언어를 배우고 말하고 쓰고 읽으면서 성장한다. 뿐만 아니라 학교에서도 직장에서도 직장 밖에서도 가정에서도 모든 활동에서 책문화와 연결되어 있다. 다만 공기처럼 의식하지 못해서이다. 이러한 책문화가 누구에겐 특별하고 누구에겐 차별이 있으면 안 된다는 관점에서 문화민주주의가 필요하다.

책문화 현장에서 경험하고 느끼고 생각해 온 분투기이며, 문화민주주의 실현을 위해서 어떤 방향으로 가야 하는지 개인적인 생각을 담았다. 이십 대 초반부터 책과 잡지를 만들어 온 출판인으로서, 여러 권의 책을 쓴 저자로서, 출판·도서관·서점·잡지 등 정책 자문 활동을 하며, 책문화생태계에 깊이 있게 논의해 온 연구자로서 문화행정과 문화정책이 민주성을 지향하고 실천해야 한다는 것을 알리고 싶다.

책문화를 생태주의 관점에서 바라본다는 것은 생태계 안에서 살아가는 다양한 주체들에 대한 이해와, 더불어 살아가기 위한 건강한 공동체의 복원에 있다. 책문화 정책을 수립하고 시행할 때 생태주의 관점과 문화민주주의 측면에서 고려한다면 우리 국민들이 지금보다 훨씬 풍요로운 삶을 누릴 수 있는 문화민주주의가 구현될 것이다.

 그동안 다양한 매체와 학회 등에서 글을 발표했다. 〈출판저널〉 등 잡지와 신문, 한국출판학회 등 학회 활동을 통해서 발표했던 책문화생태계와 문화민주주의 관련 글을 모아 수정 보완했다. 다소 중복되는 부분도 있는데 글의 흐름을 살리기 위해 살려 두었다. 이 책을 위해 애써주신 윤재연 편집자님, 김미영 디자인 실장님께 감사드린다.

 책의 가치를 생각한다. 모두를 위한 모두에 의한, 그리고 사람을 살리는 문화민주주의가 실현되길 바라는 마음으로.

## 참고자료

김영기·장덕현·이용재, 「지역대표도서관의 조직 및 운영 방안에 관한 연구」, 『한국도서관정보학회지』, 제46권 제3호, 2015.

김영석, 「우리나라 효율적인 공공도서관 확충 방안 연구-영국의 작은 공공도서관 운영 사례를 중심으로」, 『한국도서관정보학회지』, 제38권 제1호, 2007.

김홍열, 「지역대표도서관의 역할 및 추진 방향에 대한 사서들의 인식 연구」, 『한국도서관정보학회지』, 제40권 제1호, 2009.

남태우, 『도서관론』, 한국도서관협회, 2016.

송승섭, 『한국도서관사』, 한국도서관협회, 2019.

윤희윤, 「국내 공공도서관의 정책적 현안과 과제」, 『한국문헌정보학회지』, 제41권 제2호, 2007.

이용남, 「우리나라 도서관정책위원회의 활동 분석과 활성화 방안 고찰」, 『한국문헌정보학회지』, 제37권 제4호, 2003.

이제환, 「한국 공공도서관정책의 추이와 과제」, 『한국도서관정보학회지』, 제47권 제1호, 2016.

정윤희, 「책문화생태계 관점에서의 출판정책, 도서관정책, 독서정책 비교 연구」, 『문화콘텐츠연구』, 제15호, 2019.

정윤희·김민주, 「독서당의 독서문화사적 의미와 활용방안 연구」, 문화콘텐츠연구, 2020.

정윤희, 『책문화생태론』, 카모마일북스, 2020.